Mutterschutz • Karenz • Elternteilzeit

Hermin Karout/Bianca Schrittwieser

Mutterschutz • Karenz Elternteilzeit

Ihre Rechte von der Schwangerschaft
bis zum Schuleintritt

ÖGB VERLAG

Die Informationen in diesem Buch sind von Autorinnen und Verlag sorgfältig erwogen und geprüft, dennoch kann eine Garantie nicht übernommen werden. Eine Haftung der Autorinnen beziehungsweise des Verlages und seiner Beauftragten für Personen-, Sach- und Vermögensschäden ist ausgeschlossen.

Verlag des Österreichischen Gewerkschaftsbundes GmbH
Johann-Böhm-Platz 1
1020 Wien
Tel.-Nr.: 01/662 32 96-0
Fax-Nr.: 01/662 32 96-39793
E-Mail: office@oegbverlag.at
Web: www.oegbverlag.at

2. Auflage 2021
Rechtsstand: Jänner 2021

Umschlaggestaltung: Thomas Jarmer

Medieninhaber: Verlag des Österreichischen
Gewerkschaftsbundes GmbH, Wien

© 2021 by Verlag des Österreichischen
Gewerkschaftsbundes GmbH, Wien
Hersteller: Verlag des ÖGB, Wien

Verlags- und Herstellungsort: Wien
Printed in Austria

ISBN 978-3-99046-467-0

Inhaltsverzeichnis

Vorwort ... 11

1. Kapitel
Mutterschutz – Rechte von Schwangeren am Arbeitsplatz ... 12

Meldung der Schwangerschaft, Beschäftigungsverbote und verbotene Arbeiten ... 16

Schwanger: Gilt das Mutterschutzgesetz (§ 1 MSchG)? ... 16

Wann muss die Schwangerschaft gemeldet werden (§ 3 Abs 4 MSchG)? ... 16

Wie sollte die Schwangerschaft gemeldet werden?
Mündlich oder schriftlich?
Ist dem Arbeitgeber oder der Arbeitgeberin eine ärztliche Bestätigung über das Bestehen der Schwangerschaft vorzulegen? ... 17

Welche Pflichten hat der Arbeitgeber oder die Arbeitgeberin (§ 3 Abs 6 MSchG)? ... 17

Welche Beschäftigungsverbote gibt es? ... 17

Welche Arbeiten sind für schwangere Arbeitnehmerinnen verboten (§ 4 MSchG)? ... 18

Was ist das absolute Beschäftigungsverbot (§§ 3 Abs 1 und 2 MSchG, 5 Abs 1 MSchG)? ... 20

Wer zahlt bei einem absoluten Beschäftigungsverbot das Entgelt? ... 20

Was ist das individuelle Beschäftigungsverbot (§ 3 Abs 3 MSchG)? ... 21

Wer stellt ein Freistellungszeugnis aus (§§ 2, 3 MSchG)? ... 21

Wer zahlt das Entgelt bei einer vorzeitigen Freistellung? ... 22

Welche Ansprüche hat die werdende Mutter bei Beginn des Beschäftigungsverbotes gegenüber dem Arbeitgeber oder der Arbeitgeberin? ... 22

Kündigungs- und Entlassungsschutz ... 24

Unter welchen Voraussetzungen ist eine Kündigung oder eine Entlassung während der Schwangerschaft möglich (§ 10 MSchG)? ... 24

Wann beginnt der Kündigungs- und Entlassungsschutz bei Schwangeren und wann endet er? ... 24

Was kann die Arbeitnehmerin tun, wenn die Schwangerschaft noch nicht gemeldet ist und eine Kündigung ausgesprochen wird (§ 10 Abs 2 MSchG)? ... 25

In welchen Fällen stimmt das Arbeits- und Sozialgericht der Kündigung einer schwangeren Arbeitnehmerin zu (§ 10 Abs3 MSchG)?	26
Kann der Arbeitgeber oder die Arbeitgeberin eine Entlassung während des geschützten Zeitraumes aussprechen (§ 12 MSchG)?	27
Welche Möglichkeiten hat die werdende Mutter, wenn die Kündigung bzw. Entlassung ohne Zustimmung des Gerichtes ausgesprochen wird?	27
Welchen Schutz haben Schwangere, die sich in einem befristeten Arbeitsverhältnis befinden (§ 10a MSchG)?	28
Was kann eine Arbeitnehmerin tun, wenn das Arbeitsverhältnis wegen der Schwangerschaft nicht in ein unbefristetes umgewandelt wird?	29
Kann das Arbeitsverhältnis während des Kündigungs- und Entlassungsschutzes einvernehmlich beendet werden?	29

Wochengeld 32

Wie ist das Wochengeld geregelt (§ 162 ASVG)?	32
Wie lange erhalten Frauen ein Wochengeld?	32
Wie ist das Wochengeld beim individuellen Beschäftigungsverbot geregelt?	33
Wie ist das Wochengeld bei Frühgeburten, Mehrlingsgeburten und Kaiserschnittentbindung geregelt?	33
Wie hoch ist das Wochengeld? (§ 162 Abs 3 ASVG)	33
Wie hoch ist das Wochengeld bei geringfügiger Beschäftigung?	35
Haben freie Dienstnehmerinnen Anspruch auf Wochengeld?	35
Wie errechnet sich das Wochengeld, wenn Arbeitslosengeld oder Notstandshilfe bezogen wird?	36
Wie wird das Wochengeld berechnet, wenn die Schwangere Kinderbetreuungsgeld bezieht?	36

2. Kapitel
Karenz 38

Elternkarenz: Welche Rechte haben Eltern aufgrund der Geburt eines Kindes (§ 15 MSchG/§ 2 VKG)? 41

Wie lange können Eltern eine Karenz in Anspruch nehmen?	42
Wie soll die Karenz gemeldet werden? Mündlich oder schriftlich?	44
Wann muss die Karenz gemeldet werden?	45

Das Recht der Eltern, die Karenz einseitig zu gestalten. 53
Welche Gestaltungsmöglichkeiten haben Eltern bei der Karenz? 53

Können Adoptiv- oder Pflegeeltern eine Karenz
in Anspruch nehmen (§ 15c MSchG/§ 5 VKG)? 73
Beginn und Dauer der Karenz 73
Meldung der Karenz 74
Kündigungs- und Entlassungsschutz der Adoptiv- bzw. Pflegeeltern 75
Teilung der Karenz zwischen den Adoptiv- bzw. Pflegeeltern 75
Aufgeschobene Karenz für Adoptiv- bzw. Pflegeeltern 75
Verhinderungskarenz für Adoptiv- bzw. Pflegeeltern 76

Über welche Geschehnisse im Betrieb sind Eltern in Karenz
zu informieren (§ 15g MSchG/§ 7a VKG)? 78

Dürfen Eltern in Karenz einer Beschäftigung nachgehen
(§ 15e MSchG/§ 7b VKG)? 79
Geringfügige Beschäftigung während der Karenz 79
Vorübergehende Beschäftigung über der Geringfügigkeitsgrenze 81

Wiedereinstieg nach einer Karenz:
Haben Eltern ein Recht auf den bisherigen Arbeitsplatz? 85

Kann im Anschluss an eine Karenz eine Bildungskarenz
in Anspruch genommen werden
(§ 11 AVRAG; § 81 (12) iVm § 26 Abs 1 Z 4 AlVG)? 86

Welche Auswirkungen hat eine Karenz auf
arbeitsrechtliche Ansprüche? 87
Anrechnung von Karenzzeiten (§ 15f MSchG/§ 7c VKG) 87
Prämien, Bonuszahlungen und weitere sonstige einmalige Bezüge 89
Urlaub und Karenz 91
Abfertigung bei Inanspruchnahme einer Karenz 93

Kann das Arbeitsverhältnis während
einer Karenz beendet werden? 96
Kündigung durch den Arbeitgeber oder die Arbeitgeberin
(§ 10 MSchG/§ 7 VKG) 96
Einvernehmliche Auflösung 97
Kündigung durch den Arbeitnehmer oder die Arbeitnehmerin 98

Austritt aus Anlass der Mutterschaft/Vaterschaft
(§ 23a Abs 3 AngG/§ 15r MSchG/§ 9a VKG) 98

Befristung 100

3. Kapitel
Elternteilzeit – Änderung der Lage der Arbeitszeit 102

Ein Überblick: Welche Rechte haben Eltern am Arbeitsplatz? 105

Was ist der Unterschied zwischen Rechtsanspruch auf
Elternteilzeit und vereinbarter Elternteilzeit? 105

Wer hat einen Rechtsanspruch auf Elternteilzeit
(§§ 15h, 15j MSchG/§§ 8, 8b VKG)? 107

Was ist das Recht auf Änderung der Lage der Arbeitszeit,
also das Recht, die Arbeitszeit zu verschieben (§ 15p MSchG/§ 8h VKG)? 109

Ab wann und wie lange können Eltern in Elternteilzeit gehen
oder die Lage der Arbeitszeit verschieben? 111

Wie und wann soll die Elternteilzeit oder
eine Verschiebung der Lage der Arbeitszeit gemeldet werden?
Was ist zu beachten (§ 15j MSchG/§ 8b VKG)? 112

Partnerschaftliche Teilung:
Welche Rechte können Eltern gleichzeitig nutzen? 116

Wie lange dauert der Kündigungs- und Entlassungsschutz
beim Rechtsanspruch (§ 15n MSchG/§ 8f VKG)? 117

Wie kann der Anspruch auf Elternteilzeit oder die Änderung
der Lage der Arbeitszeit durchgesetzt werden?
Was passiert, wenn der Arbeitgeber oder die Arbeitgeberin
mit der Elternteilzeit oder der Änderung der Lage der Arbeitszeit
nicht einverstanden ist (§ 15k MSchG/§ 8c VKG)? 118

Kann die Elternteilzeit/Änderung der Lage der Arbeitszeit
einseitig verändert, verkürzt oder verlängert werden
(§ 15j Abs 5 MSchG/§ 8b Abs 5 VKG)? 122

Wenn es keinen Rechtsanspruch gibt: vereinbarte Elternteilzeit
und vereinbarte Änderung der Lage der Arbeitszeit
(§15i MSchG/§ 8a VKG) 125

Welche Möglichkeiten haben Eltern, die in Kleinbetrieben tätig
oder erst kurz im Unternehmen beschäftigt sind? 125

Wie kann die vereinbarte Elternteilzeit oder vereinbarte
Änderung der Lage der Arbeitszeit durchgesetzt werden
(§ 15l MSchG/§ 8d VKG)? 128

Wie ist der Kündigungs- und Entlassungsschutz bei der vereinbarten Elternteilzeit/Änderung der Lage der Arbeitszeit geregelt (§ 15n MSchG/ § 8f VKG)? 129

Kann die (vereinbarte) Elternteilzeit/Änderung der Lage der Arbeitszeit nach einer weiteren Geburt fortgesetzt werden (§ 15j Abs 9 MSchG/§ 8b Abs 9 VKG)? 132

Kann das Arbeitsverhältnis während einer (vereinbarten) Elternteilzeit/Änderung der Lage der Arbeitszeit aufgelöst werden (§ 23a Abs 4a und 5 AngG/§ 14 Abs 2 Z 1 BMSVG)? 132

4. Kapitel
Papamonat und Familienzeitbonus 136

Was ist der Papamonat (§ 1a VKG)?
Was ist der Familienzeitbonus (§§ 2, 3 FamZeitbG)? 136

Wer hat Anspruch auf eine Freistellung (Papamonat)? 136

In welchem Zeitraum und wie lange kann der Papamonat genutzt werden? 136

Wann und wie muss der Papamonat dem/der AG gemeldet werden? ... 137

Haben Väter einen Kündigungs- und Entlassungsschutz? 138

Wird der Papamonat für dienstabhängige Ansprüche angerechnet? ... 138

Sind Väter während des Papamonats kranken- und pensionsversichert? ... 138

Was ist beim Familienzeitbonus alles zu beachten? 139

Was sind weitere Voraussetzungen für den Familienzeitbonus? 140

5. Kapitel
Kinderbetreuungsgeld 144

Welche Kinderbetreuungsgeldmodelle stehen zur Wahl? 146

Welche Voraussetzungen müssen Eltern erfüllen (§ 2 KBGG)? 147

Beginn und Ende des Bezuges von Kinderbetreuungsgeld (§§ 3, 4 KBGG) 151

Wie und wo ist ein Antrag auf Kinderbetreuungsgeld zu stellen? 151

Kinderbetreuungsgeld-KONTO (§ 2 KBGG) 153

Wie lang kann das Kinderbetreuungsgeld-KONTO bezogen werden? ... 153

Wie hoch sind die Tagesbeträge beim Kinderbetreuungsgeld-KONTO? ... 154

Wie können sich Eltern das Kinderbetreuungsgeld-KONTO aufteilen?	154
Können Eltern das Kinderbetreuungsgeld-KONTO gleichzeitig beziehen?	156
Was ist der Partnerschaftsbonus?	157
Wann ruht das Kinderbetreuungsgeld-KONTO?	157
Kann die bereits gewählte Anspruchsdauer verändert werden?	158
Gibt es eine Härtefallregelung für Alleinerziehende?	158
Wie hoch ist die Zuverdienstgrenze zum Kinderbetreuungsgeld-KONTO, die während des Bezuges zu beachten ist?	160
Kann das Arbeitslosengeld parallel zum Kinderbetreuungsgeld-KONTO bezogen werden?	162
Wie hoch und wie lang kann die Beihilfe bezogen werden?	162
Wie hoch ist die Zuverdienstgrenze zur Beihilfe?	162
Wie ist das Kinderbetreuungsgeld bei der Geburt eines weiteren Kindes geregelt?	163

Wer hat Anspruch auf das einkommensabhängige Kinderbetreuungsgeld?

	167
Welche Voraussetzungen müssen Eltern erfüllen?	167
Was versteht man unter Erwerbstätigkeit?	168
Schadet eine Unterbrechung der Erwerbstätigkeit	169
Wie hoch ist die Zuverdienstgrenze, die Mütter bzw. Väter während des Bezuges beachten müssen?	173
Wie hoch ist das einkommensabhängige Kinderbetreuungsgeld?	174
Wie lange kann das einkommensabhängige Kinderbetreuungsgeld bezogen werden?	177
Wie können sich Eltern das einkommensabhängige Kinderbetreuungsgeld aufteilen?	177
Können Eltern das einkommensabhängige Kinderbetreuungsgeld gleichzeitig beziehen (§ 24b Abs 3 KBGG)?	178
Wann ruht das einkommensabhängige Kinderbetreuungsgeld (§ 6 KBGG)?	179
Kann das bereits gewählte Kinderbetreuungsgeldmodell verändert werden (Umstieg) (§§ 24e, 26a KBGG)?	182
Kann das Arbeitslosengeld nach dem Bezug des Kinderbetreuungsgeldes bezogen werden?	185
Besteht eine Kranken- und Pensionsversicherung während des Kinderbetreuungsgeldbezuges (§ 28 KBGG)?	185

Vorwort

Der vorliegende Ratgeber bietet einen vielfältigen Gesamtüberblick über die Rechte erwerbstätiger Mütter und Väter am Arbeitsplatz. Dabei liegt der Schwerpunkt auf den Themen Mutterschutz, Elternkarenz, Elternteilzeit, Papamonat und Kinderbetreuungsgeld für Beschäftigte in der Privatwirtschaft. Den Autorinnen des Ratgebers war es dabei ein besonderes Anliegen, die mitunter komplexen Regelungen in diesen Bereichen praxisnah und verständlich darzustellen. Daher wurde nicht nur auf eine einfache Sprache geachtet, sondern es finden sich in dem jeweiligen Kapitel immer zahlreiche Beispiele zur Veranschaulichung.

Am Schluss jedes Kapitels sind zudem die wichtigsten Punkte nochmals hervorgehoben, um einen raschen Überblick über die wichtigsten „Dos and Don'ts" zu verschaffen. Zusätzlich sind Musterbriefe und hilfreiche Links zu grundlegenden Informationen rund um das Thema Vereinbarkeit von Beruf und Familie im Buch angeführt.

Dieser Ratgeber bietet dennoch nur grundlegende Informationen über die genannten Bereiche. Da die genauen Regelungen sehr komplex sind, wird in vielen Fällen eine persönliche oder zumindest telefonische Beratung bei der AK oder Gewerkschaft unerlässlich sein. Die Autorinnen empfehlen daher, insbesondere in arbeitsrechtlichen Konfliktsituationen rechtzeitig eine solche Beratung in Anspruch zu nehmen.

Mutterschutz

Rechte von Schwangeren am Arbeitsplatz

Meldung der Schwangerschaft, Beschäftigungsverbote und verbotene Arbeiten

- *Schwanger: Gilt das Mutterschutzgesetz (§ 1 MSchG)?*
- *Wann muss die Schwangerschaft gemeldet werden (§ 3 Abs 4 MSchG)?*
- *Wie sollte die Schwangerschaft gemeldet werden? Mündlich oder schriftlich? Ist dem Arbeitgeber oder der Arbeitgeberin eine ärztliche Bestätigung über das Bestehen der Schwangerschaft vorzulegen?*
- *Welche Pflichten hat der Arbeitgeber oder die Arbeitgeberin (§ 3 Abs 6 MSchG)?*
- *Welche Beschäftigungsverbote gibt es?*
- *Welche Arbeiten sind für schwangere Arbeitnehmerinnen verboten (§ 4 MSchG)?*
- *Was ist das absolute Beschäftigungsverbot (§§ 3 Abs 1 und 2 MSchG, 5 Abs 1 MSchG)?*
- *Wer zahlt bei einem absoluten Beschäftigungsverbot das Entgelt?*
- *Was ist das individuelle Beschäftigungsverbot (§ 3 Abs 3 MSchG)?*
- *Wer stellt ein Freistellungszeugnis aus (§§ 2, 3 MSchG)?*
- *Wer zahlt das Entgelt bei einer vorzeitigen Freistellung?*
- *Welche Ansprüche hat die werdende Mutter bei Beginn des Beschäftigungsverbotes gegenüber dem Arbeitgeber oder der Arbeitgeberin?*

Kündigungs- und Entlassungsschutz

- Unter welchen Voraussetzungen sind eine Arbeitgeberkündigung bzw. eine Entlassung während der Schwangerschaft möglich (§ 10 MSchG)?

- Wann beginnt der Kündigungs- und Entlassungsschutz bei Schwangeren, und wann endet er?

- Was kann eine Arbeitnehmerin tun, wenn die Schwangerschaft noch nicht gemeldet wurde und eine Kündigung ausgesprochen wird (§ 10 Abs 2 MSchG)?

- In welchen Fällen stimmt das Arbeits- und Sozialgericht der Kündigung einer schwangeren Arbeitnehmerin zu (§ 10 Abs3 MSchG)?

- Kann der Arbeitgeber oder die Arbeitgeberin eine Entlassung während des geschützten Zeitraumes aussprechen (§ 12 MSchG)?

- Welche Möglichkeiten hat die werdende Mutter, wenn der Arbeitgeber oder die Arbeitgeberin die Kündigung bzw. Entlassung ohne Zustimmung des Gerichts ausspricht?

    – Wie berechnet sich die Kündigungsentschädigung bei einer rechtsunwirksamen Kündigung?

- Welchen Schutz haben Schwangere, die sich in einem befristeten Arbeitsverhältnis befinden (§ 10a MSchG)?

    – Was kann eine Arbeitnehmerin tun, wenn das Arbeitsverhältnis wegen der Schwangerschaft nicht in ein unbefristetes umgewandelt wird?

- Kann das Arbeitsverhältnis während des Kündigungs- und Entlassungsschutzes einvernehmlich beendet werden?

    – Was kann die Arbeitnehmerin tun, wenn sie zum Zeitpunkt der einvernehmlichen Lösung noch nichts von der bestehenden Schwangerschaft wusste?

Wochengeld
- *Wie ist das Wochengeld geregelt (§ 162 ASVG)?*
- *Wie lange erhalten Frauen ein Wochengeld?*
- *Wie ist das Wochengeld beim individuellen Beschäftigungsverbot geregelt?*
- *Wie ist das Wochengeld bei Frühgeburten, Mehrlingsgeburten und Kaiserschnittentbindung geregelt?*
- *Wie hoch ist das Wochengeld? (§ 162 Abs 3 ASVG)*
- *Wie hoch ist das Wochengeld bei geringfügiger Beschäftigung?*
- *Haben freie Dienstnehmerinnen Anspruch auf Wochengeld?*
- *Wie errechnet sich das Wochengeld, wenn Arbeitslosengeld oder Notstandshilfe bezogen wird?*
- *Wie wird das Wochengeld berechnet, wenn die Schwangere Kinderbetreuungsgeld bezieht?*

Meldung der Schwangerschaft, Beschäftigungsverbote und verbotene Arbeiten

Schwanger: Gilt das Mutterschutzgesetz (§ 1 MSchG)?

Für alle Frauen, die sich in einem privatrechtlichen Arbeitsverhältnis befinden, gelten im Fall einer Schwangerschaft die **Schutzbestimmungen des MSchG**.

Dazu zählen etwa der **Schutz vor bestimmten Arbeiten** während der Schwangerschaft, ein **absolutes Beschäftigungsverbot** acht Wochen vor und acht Wochen nach der Geburt sowie ein **besonderer Kündigungs- und Entlassungsschutz**.

Für **Landes- oder Gemeindebedienstete** gibt es abweichende Sonderbestimmungen, für **freie Dienstnehmerinnen** gilt das absolute bzw. das individuelle Beschäftigungsverbot sowie ein Motivkündigungsschutz.

Für **Werkvertragsnehmerinnen** gilt das Mutterschutzgesetz nicht.

Wann muss die Schwangerschaft gemeldet werden (§ 3 Abs 4 MSchG)?

Die Schwangerschaft ist grundsätzlich dem/der AG zu melden, sobald Arbeitnehmerinnen davon erfahren. Denn ab diesem Zeitpunkt gilt das MSchG mit allen damit verbundenen arbeitsrechtlichen Schutzbestimmungen.

Eine spätere Bekanntgabe verletzt aber weder den Arbeitsvertrag noch andere Verpflichtungen. Das MSchG gilt aber erst, wenn die Schwangerschaft dem/der AG gemeldet wurde!

Achtung bei der Meldung einer Schwangerschaft in der Probezeit

Während einer Probezeit haben Frauen trotz Schwangerschaft keinen Kündigungs- und Entlassungsschutz. Wird allerdings das Arbeitsverhältnis aufgrund der Schwangerschaft aufgelöst, liegt eine **Diskriminierung nach dem Gleichbehandlungsgesetz** (§§ 12 Abs 7, 15 Abs 1a GlBG) vor. Die Auflösung kann bei Gericht bekämpft werden. Hier sind sehr kurze Fristen zu beachten. Eine Anfechtungsklage ist binnen 14 Tagen ab Auflösung des Arbeitsverhältnisses in der Probezeit beim Gericht einzubringen (siehe dazu im Detail Kapitel „Wann beginnt der Kündigungs- und Entlassungsschutz bei Schwangeren und wann endet er?").

In einem solchen Fall sollten sich werdende Mütter rasch an die Arbeiterkammer oder Fachgewerkschaft wenden. Sie beraten und unterstützen betroffene Frauen.

Wie sollte die Schwangerschaft gemeldet werden? Mündlich oder schriftlich?
Ist dem Arbeitgeber oder der Arbeitgeberin eine ärztliche Bestätigung über das Bestehen der Schwangerschaft vorzulegen?

Die Schwangerschaft sollte dem/der AG **schriftlich** gemeldet werden. Gleichzeitig mit der Meldung der Schwangerschaft sollte eine Bestätigung über das Bestehen der Schwangerschaft und den voraussichtlichen Geburtstermin vorgelegt werden. Allfällige Kosten für einen Nachweis der Schwangerschaft hat der/die AG zu übernehmen, wenn die Vorlage verlangt wird.

Hinweis
Es gibt noch eine weitere Meldepflicht der Arbeitnehmerin: Innerhalb der vierten Woche vor dem Beginn des absoluten Beschäftigungsverbotes müssen werdende Mütter ihren/ihre AG auf diesen Beginn aufmerksam machen.

Welche Pflichten hat der Arbeitgeber oder die Arbeitgeberin (§ 3 Abs 6 MSchG)?

Der/Die AG ist verpflichtet, unverzüglich nach Kenntnis von der Schwangerschaft dem zuständigen **Arbeitsinspektorat** schriftlich Mitteilung zu machen. Werdende Mütter sollten auch eine Abschrift der Meldung an die Arbeitsinspektion vom/von der AG erhalten.

Hinweis
Gibt es im Betrieb eine eigene arbeitsmedizinische Betreuung? In diesem Fall hat der/die AG auch den/die Leiter/in bzw. der arbeitsmedizinischen Betreuung über die Schwangerschaft einer Arbeitnehmerin zu informieren.

Die Arbeitgeberseite hat aber noch weitere Pflichten: Er/Sie muss am Arbeitsplatz für die werdende Mutter eine Ruhemöglichkeit einrichten. Zudem muss der/die AG die **Beschäftigungsverbote für schwangere Arbeitnehmerinnen** beachten!

Welche Beschäftigungsverbote gibt es?

Schwangere Arbeitnehmerinnen haben einen **besonderen Schutz am Arbeitsplatz**. Sie dürfen etwa bestimmte Tätigkeiten nicht mehr oder nur eingeschränkt ausüben. Besteht Gefahr für Leben oder Gesundheit von Mutter und/oder Kind, dann erfolgt eine gänzliche Freistellung von der Arbeit.

Zu den wichtigsten Schutzbestimmungen für werdende Mütter am Arbeitsplatz zählen die sogenannten **Beschäftigungsverbote**, nämlich

- das **Verbot bestimmter Arbeiten**, etwa wenn Gefahren für die Sicherheit oder Gesundheit der werdenden Mutter am Arbeitsplatz bestehen,
- das **absolute Beschäftigungsverbot** sowie
- das **individuelle Beschäftigungsverbot**.

Diese Unterscheidung ist wichtig: Denn sowohl beim individuellen als auch beim absoluten Beschäftigungsverbot besteht ein Anspruch auf Wochengeld gegenüber dem zuständigen Krankenversicherungsträger (siehe Kapitel „Wie ist das Wochengeld geregelt?"). Anders beim Verbot bestimmter Arbeiten: Hier besteht kein Anspruch auf Wochengeld. Der/Die AG muss vielmehr eine Änderung der Beschäftigung anstreben. Besteht kein geeigneter Arbeitsplatz, ist die Schwangere vom/von der AG unter Fortzahlung ihres Entgelts von der Arbeit freizustellen.

Welche Arbeiten sind für schwangere Arbeitnehmerinnen verboten (§§ 3, 4, 6, 7, 8 MSchG)?

Einige Arbeiten sind für Schwangere nur eingeschränkt oder gar nicht erlaubt. Welche Arbeiten davon betroffen sind, muss in jedem Betrieb, in dem Frauen beschäftigt sind, bekannt sein. Denn der/die AG ist verpflichtet, im Rahmen einer Evaluierung zu ermitteln, ob eine Arbeit (Form und Ausmaß) an diesem Arbeitsplatz von Schwangeren weiterhin ausgeübt werden darf. So dürfen sie keinesfalls mit schweren körperlichen Arbeiten beschäftigt werden. Auch Arbeiten, die nach der Art des Arbeitsvorganges oder der verwendeten Arbeitsstoffe oder -geräte für ihren Organismus oder für das Kind schädlich sind, sind verboten. Die häufigsten verbotenen Arbeiten sind im Gesetz aufgezählt.

 ### Hinweis

Informationen rund um Corona und Schwangerschaft sind auf der Homepage des Arbeitsinspektorates zu finden: https://www.arbeitsinspektion.gv.at/Gesundheit_im_Betrieb/Gesundheit_im_Betrieb_1/Schwangere_Arbeitnehmerinnen.html (21.1.2021).

Beispiele für verbotene Arbeiten nach MSchG

- Nach Ablauf der 20. Schwangerschaftswoche sind Arbeiten, die von werdenden Müttern überwiegend im Stehen verrichtet werden müssen, sowie Arbeiten, die diesen in ihrer statischen Belastung gleichkommen, es sei denn, dass Sitzgelegenheiten zum kurzen Ausruhen benützt werden können, verboten; nach Ablauf der 20. Schwangerschaftswoche alle derartigen Arbeiten, sofern sie länger als vier Stunden verrichtet werden, auch dann, wenn Sitzgelegenheiten zum kurzen Ausruhen benützt werden können;
- Arbeiten, bei denen die Gefahr einer Berufserkrankung gegeben ist;
- Arbeiten, bei denen Schwangere Einwirkungen von gesundheitsgefährdenden Stoffen, gesundheitsgefährdenden Strahlen, gesundheitsgefährdenden elektromagnetischen Feldern oder schädlichen Einwirkungen von Hitze, Kälte oder Nässe ausgesetzt sind, bei denen eine Schädigung nicht ausgeschlossen werden kann;
- die Beschäftigung auf Beförderungsmitteln z.B. Taxi.

Wichtig

Im Zweifel entscheidet das Arbeitsinspektorat, ob die Arbeit erlaubt ist oder nicht. Schwangere Arbeitnehmerinnen können mit dem zuständigen Arbeitsinspektorat Kontakt aufnehmen und sich dahingehend informieren: https://www.arbeitsinspektion.gv.at/Kontakt/Standorte-_Zustaendigkeit/Standortsuche.html (11.9.2020).

- Auch Nachtarbeit zwischen 20 und 6 Uhr ist für werdende Mütter verboten. Es gibt aber einige Ausnahmen, beispielsweise im Verkehrswesen.
- Schwangere dürfen auch an Sonn- und Feiertagen nicht arbeiten. Aber auch hier gibt es Ausnahmen, z.B. im Gastgewerbe.
- Die Leistung von Überstunden ist für werdende Mütter ebenso nicht erlaubt. Sie dürfen keinesfalls mehr als 9 Stunden täglich und mehr als 40 Stunden wöchentlich arbeiten.

Anders als beim absoluten und individuellen Beschäftigungsverbot begründen Beschäftigungsverbote, die sich aus der Arbeitsplatzsituation ergeben, **keinen Anspruch auf vorzeitige Freistellung und vorgezogenes Wochengeld**. Vielmehr ist in diesen Fällen der/die AG dafür verantwortlich, eine **Änderung der Arbeitsbedingungen** zu erwirken. Ist das nicht möglich, weil sich z.B. der Arbeitsprozess nicht ändern lässt oder der Schwangeren dies nicht zumutbar ist, dann ist eine Versetzung auf einen anderen Arbeitsplatz zu prüfen. Dabei ist der **Arbeitsvertrag der Arbeitnehmerin** relevant: Ein Arbeitsplatzwechsel ist nur innerhalb der Grenzen des Arbeitsvertrages möglich. Falls kein geeigneter Arbeitsplatz vorhanden ist, muss der/die AG die Schwangere freistellen.

Tipp

Gibt es einen Betriebsrat im Unternehmen? In diesem Fall sollten sich werdende Mütter an diesen wenden, denn er hat bei Versetzungen ein Mitwirkungsrecht!

Bei einem Wechsel auf einen anderen, weniger gefährlichen Arbeitsplatz oder bei gänzlicher Freistellung ist jedenfalls der Durchschnittsverdienst der letzten 13 Wochen vom AG weiterzuzahlen.

Hinweis

Für entfallene Überstunden gibt es keinen Verdienstausgleich vom/von der AG!

Was ist das absolute Beschäftigungsverbot (§§ 3 Abs 1 und 2 MSchG, 5 Abs 1 MSchG)?

Nach dem absoluten Beschäftigungsverbot dürfen werdende Mütter acht Wochen vor und acht Wochen nach der Geburt **(Mutterschutz)** nicht beschäftigt werden. Bei Mehrlingsgeburten, Frühgeburten und Kaiserschnitt beträgt der Mutterschutz zumindest zwölf Wochen nach der Geburt.

Ist eine Verkürzung der Achtwochenfrist vor der Entbindung eingetreten, weil das Baby früher als geplant auf die Welt gekommen ist, verlängert sich das Beschäftigungsverbot nach der Entbindung im Ausmaß dieser Verkürzung, höchstens jedoch auf 16 Wochen.

Achtung
Eine Beschäftigung ist im geschützten Zeitraum selbst dann nicht möglich, wenn die Arbeitnehmerin das möchte.

Wer zahlt bei einem absoluten Beschäftigungsverbot das Entgelt?

Während des absoluten Beschäftigungsverbots erhalten Arbeitnehmerinnen vom AG/von der AG kein Entgelt mehr. Voll versicherte Arbeitnehmerinnen haben aber Anspruch auf Wochengeld gegenüber dem zuständigen Krankenversicherungsträger. Es ersetzt den entfallenden Nettolohn zur Gänze (siehe dazu „Wie ist das Wochengeld geregelt?").

Was ist das individuelle Beschäftigungsverbot (§ 3 Abs 3 MSchG)?

Besteht Gefahr für Leben oder Gesundheit von Mutter oder Kind bei Fortdauer der Beschäftigung, dann kann bereits vor Beginn des absoluten Beschäftigungsverbots eine Freistellung von der Arbeit erfolgen **(vorzeitiger Mutterschutz)**. Beim individuellen Beschäftigungsverbot handelt es sich um **eine medizinisch notwendige Freistellung**, die nichts mit der Art der Tätigkeit bzw. mit der Arbeitsplatzsituation zu tun hat. Sie wird im Einzelfall festgestellt. Arbeitnehmerinnen erhalten in diesem Fall ein **Freistellungszeugnis**. Es ist dem/der AG vorzulegen, denn ab diesem Zeitpunkt darf die werdende Mutter nicht mehr beschäftigt werden und sie erhält auch kein Entgelt vom/von der AG mehr.

Wer stellt ein Freistellungszeugnis aus (§§ 2, 3 MSchG)?

1. **Freistellungzeugnis durch den/die Frauenarzt/ärztin bzw. eine/n Facharzt/ärztin für Innere Medizin:** In der Regel stellt der/die behandelnde Frauenarzt/ärztin bzw. ein Facharzt/ärztin für Innere Medizin eine Gefährdung der Schwangeren oder des Kindes fest. Er/Sie stellt in diesem Fall ein **Freistellungszeugnis** aus. Medizinische Gründe, aus denen eine Freistellung von der Arbeit erfolgen darf, sind in der **Mutterschutzverordnung** ganz klar angeführt (z.B. Mehrlingsschwangerschaften).

   Abrufbar unter: http://www.ris.bka.gv.at.

   ### Wichtig

   Fachärztliche Freistellungszeugnisse dürfen nur aufgrund von in dieser Verordnung geregelten medizinischen Indikationen vom/von der Frauenarzt/ärztin bzw. vom/von der Facharzt/ärztin für Innere Medizin ausgestellt werden!

Liegt ein anderer medizinischer Grund vor, der in der Verordnung nicht genannt ist?

2. **Amts- oder arbeitsinspektionsärztliches Zeugnis:** In diesem Fall muss die werdende Mutter einen fachärztlichen Befund oder ein fachärztliches Gutachten oder eine andere eindeutige Unterlage (z.B. einen Krankenhausbefund mit Unterschrift und Stempel des/der behandelnden Facharztes/ärztin) dem/der **Amts- oder Arbeitsinspektionsarzt/ärztin** vorlegen, der/die dann das Freistellungszeugnis ausstellt: https://www.arbeitsinspektion.gv.at/Personengruppen/Werdende_und_stillende_Muetter/Freistellung.html (11.9.2020).

Wichtig

Das Freistellungszeugnis wird vom/von der Amtsarzt/ärztin oder vom arbeitsinspektionsärztlichen Dienst nur dann ausgestellt, wenn die medizinische Begründung für die vorzeitige Freistellung durch den/die behandelnde/n Facharzt/ärztin erfolgt.

Wer zahlt das Entgelt bei einer vorzeitigen Freistellung?

Für die Zeit eines individuellen Beschäftigungsverbotes haben schwangere Arbeitnehmerinnen in der Regel Anspruch auf ein **vorgezogenes Wochengeld**. Dazu muss die Schwangere das Freistellungszeugnis dem zuständigen Krankenversicherungsträger (z.B. ÖGK) vorlegen und das Wochengeld beantragen.

Welche Ansprüche hat die werdende Mutter bei Beginn des Beschäftigungsverbotes gegenüber dem Arbeitgeber oder der Arbeitgeberin?

Ab Beginn des Beschäftigungsverbotes erhält die Arbeitnehmerin kein Entgelt mehr von ihrem/ihrer AG. Der/Die AG muss mit Beginn des Beschäftigungsverbotes eine Abrechnung erstellen. Sie enthält in der Regel das Entgelt für die Zeit bis zum Beschäftigungsverbot, die anteiligen Sonderzahlungen (Urlaubs- und Weihnachtsgeld) sowie sonstige Entgelte, auf die die Arbeitnehmerin Anspruch hat. Der offene Urlaub wird nicht ausbezahlt, denn eine Ablöse des Urlaubs in Geld ist im aufrechten Arbeitsverhältnis nicht zulässig (siehe dazu „Urlaub und Karenz"). Zudem muss der/die AG eine Arbeits- und Entgeltsbestätigung ausstellen. Damit beantragt dann die werdende Mutter das Wochengeld.

**Zusammengefasst
Schwangere Arbeitnehmerinnen am Arbeitsplatz – was ist zu beachten?**

- Die Schwangerschaft ist grundsätzlich gleich ab Kenntnis davon der Arbeitgeberseite zu melden. Am besten schriftlich unter gleichzeitiger Vorlage einer Bestätigung.

- Ab diesen Zeitpunkt hat die werdende Mutter einen besonderen Schutz am Arbeitsplatz: Dazu zählen etwa der Schutz vor bestimmten Arbeiten, ein absolutes Beschäftigungsverbot sowie ein Kündigungs- und Entlassungsschutz.

- Achtung bei Meldung der Schwangerschaft in der Probezeit: Es besteht in dieser Zeit kein Kündigungsschutz. Löst der/die AG das Arbeitsverhältnis in dieser Zeit wegen der Schwangerschaft auf, dann kann die Beendigung nur nach dem Gleichbehandlungsgesetz bekämpft werden.

- Die Arbeitgeberseite muss das Arbeitsinspektorat über die Schwangerschaft informieren. Sie ist auch für die Einhaltung der Schutzbestimmungen verantwortlich.

- Einige Arbeiten sind für Schwangere nur eingeschränkt oder gar nicht mehr erlaubt, beispielsweise dürfen werdende Mütter keine Überstunden mehr leisten. Auch Arbeiten, die für Mutter oder Kind schädlich sind, sind verboten. Im Zweifel entscheidet das Arbeitsinspektorat, ob eine Arbeit erlaubt ist oder nicht.

- Acht Wochen vor und in der Regel acht Wochen nach der Geburt besteht ein absolutes Beschäftigungsverbot. In dieser Zeit darf die Arbeitnehmerin überhaupt nicht mehr beschäftigt werden.

- Besteht allerdings Gefahr für Leben oder Gesundheit der Mutter oder des Kindes, dann kann auch schon vor den acht Wochen eine vorzeitige Freistellung erfolgen (individuelles Beschäftigungsverbot). Das Freistellungszeugnis stellt in der Regel ein/e Gynäkologin/e bzw. ein/e Facharzt/ärztin für Innere Medizin aus. Er/Sie darf allerdings ein Freistellungszeugnis nur dann ausstellen, wenn ein Freistellungsgrund nach der Mutterschutzverordnung vorliegt.

- Liegt ein anderer medizinischer Grund vor, der in der Verordnung nicht genannt ist, dann stellen die Amts- oder Arbeitsinspektionsärzte/ärztinnen das Freistellungszeugnis aus.

Kündigungs- und Entlassungsschutz

Unter welchen Voraussetzungen ist eine Kündigung oder eine Entlassung während der Schwangerschaft möglich (§ 10 MSchG)?

Grundsätzlich gilt: Für werdende Mütter, Eltern in Karenz und in Elternteilzeit besteht ein Kündigungs- und Entlassungsschutz. D.h., eine Kündigung kann vom/von der AG rechtswirksam nur ausgesprochen werden, wenn er/sie vorher die Zustimmung des Arbeits- und Sozialgerichtes einholt (siehe dazu im Detail die Kapitel Kündigungsschutz bei Karenz und Elternteilzeit).

Wann beginnt der Kündigungs- und Entlassungsschutz bei Schwangeren und wann endet er?

Der Kündigungs- und Entlassungsschutz beginnt jedenfalls, sobald die werdende Mutter die **Schwangerschaft** ihrem/ihrer AG **gemeldet** hat. Der Schutz dauert **bis vier Monate nach der Entbindung**. Ausgesprochene Kündigungen und Entlassungen während des geschützten Zeitraums – sofern keine **gerichtliche Zustimmung** vorliegt – sind **rechtsunwirksam**. Sie gelten als nicht ausgesprochen und beenden das Arbeitsverhältnis nicht.

Erleidet die schwangere Arbeitnehmerin eine **Fehlgeburt**? Der Kündigungs- und Entlassungsschutz endet in diesem Fall **vier Wochen nach der Fehlgeburt**. Bei einer **Totgeburt** endet der Kündigungs- und Entlassungsschutz vier Monate danach.

Kündigt oder entlässt der/die AG die Arbeitnehmerin aufgrund der Fehlgeburt nach dem geschützten Zeitraum, weil er beispielsweise befürchtet, sie könnte wieder schwanger werden, dann stellt das eine **Diskriminierung nach dem Gleichbehandlungsgesetz** (§ 12 Abs 7 GlBG) dar.

Was kann eine Arbeitnehmerin gegen eine diskriminierende Beendigung tun?

Sie hat folgende Möglichkeiten:

1. **Anfechtung:** Sie kann die **Kündigung** oder **Entlassung** innerhalb von **14 Tagen ab Zugang der Kündigung oder Entlassung** beim Arbeits- und Sozialgericht **anfechten**. Dasselbe gilt für eine diskriminierende Auflösung des Arbeitsverhältnisses in der Probezeit. Gewinnt sie die Klage, dann muss sie der/die AG wieder beschäftigen.

2. **Schadenersatz:** Die Arbeitnehmerin verzichtet auf eine Anfechtung und fordert stattdessen einen **Schadenersatz** (Vermögensschaden und immaterieller Schadenersatz) **nach dem Gleichbehandlungsgesetz**. Der Schadenersatz ist innerhalb von sechs Monaten ab Zugang der Kündigung, Entlassung oder Auflösung in der Probezeit beim Arbeits- und Sozialgericht zu klagen.

3. **Antrag an die Gleichbehandlungskommission:** Die Arbeitnehmerin kann aber auch einen Antrag an die Gleichbehandlungskommission stellen. Arbeits- und Sozialgericht und Kommission können auch gleichzeitig eingeschaltet werden. Die Kommission stellt nach einem relativ formfreien Verfahren in Form eines Prüfungsergebnisses fest, ob in diesem Fall eine Diskriminierung stattgefunden hat oder nicht.

Der Vorteil des Verfahrens vor der Kommission: Das Verfahren ist niederschwellig und kostenlos. Es bietet auch die Chance, sich vergleichsweise zu einigen. Die Kommission entscheidet in Form eines Prüfungsergebnisses, das als Beweismittel vor Gericht genutzt werden kann. Außerdem hemmt ein Antrag bei der Kommission die Fristen für die gerichtliche Geltendmachung. Dazu muss die Arbeitnehmerin den Antrag bei der Kommission aber innerhalb der gerichtlichen Fristen einbringen.

Der Nachteil des Verfahrens vor der Kommission: Die Kommission kann keinen Schadenersatz zusprechen. Dafür sind ausschließlich die Gerichte zuständig.

Infos zur Gleichbehandlungskommission und zu Musteranträgen sind auf der Homepage des Bundeskanzleramtes, Bundesministerin für Frauen und Integration zu finden.

Tipp

Im Falle einer diskriminierenden Beendigung des Arbeitsverhältnisses sollten sich Frauen rasch an die Arbeiterkammer oder Gewerkschaft wenden. Sie beraten, bevor das Gericht und/oder die Gleichbehandlungskommission eingeschaltet wird.

Was kann die Arbeitnehmerin tun, wenn die Schwangerschaft noch nicht gemeldet ist und eine Kündigung ausgesprochen wird (§ 10 Abs 2 MSchG)?

In diesem Fall ist es wichtig, dass die schwangere Arbeitnehmerin rasch reagiert. Sie muss die Schwangerschaft **innerhalb von fünf Arbeitstagen** nach Ausspruch der Kündigung **unter gleichzeitiger Vorlage einer ärztlichen Bestätigung dem/der AG melden**. Verabsäumt sie diese Frist und/oder die Vorlage der Bestätigung, dann ist die Kündigung rechtswirksam.

Wusste die schwangere Arbeitnehmerin zum Zeitpunkt der Kündigung noch nichts von der bestehenden Schwangerschaft, dann muss sie im Falle einer Kündigung die Schwangerschaft sofort ab Kenntnis davon der Arbeitgeberseite melden. Auch hier gilt: Gleichzeitig mit der Meldung der Schwangerschaft ist eine ärztliche Bestätigung über das Bestehen der Schwangerschaft und den voraussichtlichen Geburtstermin vorzulegen. Dann ist die bereits ausgesprochene Kündigung rechtsunwirksam.

Tipp

Musterschreiben für die nachträgliche Meldung der Schwangerschaft stehen auf der Homepage der Arbeiterkammer unter Service/Musterbriefe zur Verfügung.

In welchen Fällen stimmt das Arbeits- und Sozialgericht der Kündigung einer schwangeren Arbeitnehmerin zu (§ 10 Abs 3 MSchG)?

Während des geschützten Zeitraumes ist eine Kündigung nur mit Zustimmung des Arbeits- und Sozialgerichts möglich. Diese Zustimmung muss die Arbeitgeberseite vor dem Ausspruch der Kündigung einholen.

Hinweis

Gibt es einen Betriebsrat im Unternehmen? In diesem Fall muss der/die AG gleichzeitig mit der Einbringung der Klage den Betriebsrat darüber verständigen.

Das Gericht stimmt der Kündigung einer werdenden Mutter nur dann zu, wenn

- der/die AG das Arbeitsverhältnis wegen einer Einschränkung oder Stilllegung des Betriebes oder der Stilllegung einzelner Betriebsabteilungen nicht ohne Schaden für den Betrieb weiter aufrechterhalten kann oder
- sich die Arbeitnehmerin in der Tagsatzung zur mündlichen Streitverhandlung (das ist der erste Verhandlungstermin bei Gericht) nach einer Rechtsbelehrung durch den/die Richter/in bzw. über den Kündigungsschutz mit der Kündigung einverstanden erklärt.

Achtung

Der/Die AG braucht keine Zustimmung des Gerichtes einholen, wenn der Betrieb, in dem die Schwangere beschäftigt ist, bereits stillgelegt ist.

Kann der Arbeitgeber oder die Arbeitgeberin eine Entlassung während des geschützten Zeitraumes aussprechen (§ 12 MSchG)?

Das ist nur bei **schwerwiegenden Verfehlungen** der Arbeitnehmerin möglich. Vor Ausspruch der Entlassung muss der/die AG auch hier in der Regel die Zustimmung zur Entlassung beim Arbeits- und Sozialgericht einholen. Holt der/die AG keine Zustimmung ein, dann ist die Entlassung rechtsunwirksam.

Das Gericht stimmt der Entlassung zu, wenn ein Entlassungsgrund nach dem Mutterschutzgesetz vorliegt. Die Entlassungsgründe sind abschließend im Gesetz geregelt. Dazu zählen etwa gröbliche Pflichtverletzung, Untreue im Dienst oder Verrat von Geschäfts- und Betriebsgeheimnissen.

Liegen **besonders schwerwiegende Entlassungsgründe** vor, kann die Arbeitgeberseite auch erst nach Ausspruch der Entlassung auf Zustimmung bei Gericht klagen. Besonders schwerwiegende Entlassungsgründe sind Tätlichkeiten, erhebliche Ehrverletzungen gegen den/die AG sowie gerichtlich strafbare Handlungen.

Welche Möglichkeiten hat die werdende Mutter, wenn die Kündigung bzw. Entlassung ohne Zustimmung des Gerichtes ausgesprochen wird?

Spricht der/die AG die Kündigung oder Entlassung ohne vorherige Zustimmung des Gerichtes aus, dann ist sie rechtsunwirksam. Die Arbeitnehmerin hat dann **zwei Möglichkeiten**:

1. Sie kann auf das **Fortbestehen des Arbeitsverhältnisses** klagen **oder**
2. sie verzichtet auf das Fortbestehen des Arbeitsverhältnisses und macht stattdessen eine **Kündigungsentschädigung** geltend.

Wie berechnet sich die Kündigungsentschädigung bei einer rechtsunwirksamen Kündigung?

Sie ist bis zum Ende des besonderen Kündigungs- und Entlassungsschutzes plus der einzuhaltenden Kündigungsfrist zu berechnen.

Wichtig

Im Falle einer rechtsunwirksamen Kündigung sollte die Arbeitnehmerin den/die AG auf die Rechtsunwirksamkeit der Kündigung aufmerksam machen, wenn sie sich für das Fortbestehen des Arbeitsverhältnisses entscheidet. Zudem sollte sie sich über die Kündigungsfrist hinaus arbeitsbereit erklären. Mütter sollten sich in diesem Fall im Vorfeld bei der Arbeiterkammer oder der Fachgewerkschaft beraten lassen.

Welchen Schutz haben Schwangere, die sich in einem befristeten Arbeitsverhältnis befinden (§ 10a MSchG)?

Die Bekanntgabe einer Schwangerschaft hemmt grundsätzlich den Ablauf eines befristeten Arbeitsverhältnisses bis zum Beginn des individuellen bzw. absoluten Beschäftigungsverbotes. Das Arbeitsverhältnis bleibt damit jedenfalls bis zum Beginn des Mutterschutzes aufrecht.

Es gibt aber Ausnahmen: Ist die Befristung **gesetzlich vorgesehen** oder erfolgt sie aus **sachlichen Gründen**, dann endet – trotz Schwangerschaft – das Arbeitsverhältnis mit Ablauf der vereinbarten Befristung.

Was sind sachliche Gründe?

- Wenn die Befristung im Interesse der Arbeitnehmerin ist.
- Wenn das Arbeitsverhältnis für die Dauer einer Vertretung, zu Ausbildungszwecken oder für eine Saison abgeschlossen wurde.
- Wenn das Arbeitsverhältnis zur Erprobung abgeschlossen wurde.

Beispiel

- Der befristete Arbeitsvertrag von Frau B. endet Ende September. Sie meldet ihr Schwangerschaft während der Befristung. Das Beschäftigungsverbot beginnt Anfang Dezember. Der Ablauf ihres Arbeitsvertrages wird daraufhin bis zum Beginn des Beschäftigungsverbotes, also bis Anfang Dezember verlängert.

  Wäre Frau B. allerdings als Karenzvertretung aufgenommen worden, dann würde das Arbeitsverhältnis Ende September enden.

Tipp
In der Praxis kommt es vor, dass der/die AG die Ablaufhemmung nicht akzeptiert oder die sachliche Rechtfertigung strittig ist. Der/Die AG ist dann schriftlich auf die Ablaufhemmung hinzuweisen (siehe Musterschreiben). Arbeitnehmerinnen können sich in diesen Fällen an die Arbeiterkammer oder Fachgewerkschaft wenden. Sie beraten und unterstützen bei der Durchsetzung ihrer Rechte.

Musterschreiben
stehen auf der Homepage der Arbeiterkammer unter Service/Musterbriefe zur Verfügung.

Was kann eine Arbeitnehmerin tun, wenn das Arbeitsverhältnis wegen der Schwangerschaft nicht in ein unbefristetes umgewandelt wird?

Diese Vorgangsweise stellt eine Diskriminierung nach dem Gleichbehandlungsgesetz dar und kann ebenso wie eine diskriminierende Beendigung in der Probezeit oder eine Kündigung nach einer Fehlgeburt nach dem Gleichbehandlungsgesetz bekämpft werden.

Die Arbeitnehmerin kann

- innerhalb von **14 Tagen ab Ablauf der Befristung eine Feststellungsklage** beim Arbeits- und Sozialgericht einbringen, wenn sie im Unternehmen weiterarbeiten möchte.
- Sie kann aber auch auf die Weiterbeschäftigung verzichten und stattdessen einen **Vermögensschaden sowie einen ideellen Schadenersatz** bei Gericht geltend machen. Dafür hat sie **sechs Monate ab Ablauf der Befristung** Zeit.
- Und auch hier gilt: Arbeitnehmerinnen können zusätzlich oder alternativ einen **Antrag** bei der **Gleichbehandlungskommission** einbringen: Musteranträge sind auf der Homepage des Bundeskanzleramtes, Bundesministerin für Frauen und Integration zu finden. Der Antrag bei der Kommission hemmt die Fristen für die gerichtliche Geltendmachung der Ansprüche.

Kann das Arbeitsverhältnis während des Kündigungs- und Entlassungsschutzes einvernehmlich beendet werden?

Ja. Eine einvernehmliche Lösung des Arbeitsverhältnisses ist immer möglich. Ist die Arbeitnehmerin allerdings schwanger, dann muss die einvernehmliche Lösung **schriftlich** erfolgen. Mündlich vereinbarte einvernehmliche Lösungen sind rechtsunwirksam.

Minderjährige Frauen müssen zusätzlich noch eine Bescheinigung des Gerichts oder der Arbeiterkammer vorlegen, aus der hervorgeht, dass die Schwangere über den besonderen Kündigungsschutz aufgeklärt wurden.

Tipp

Schwangere Arbeitnehmerinnen sollten jedenfalls vor Unterzeichnung einer einvernehmlichen Auflösung eine Beratung bei der Arbeiterkammer oder Fachgewerkschaft in Anspruch nehmen. Denn eine Beendigung des Arbeitsverhältnisses vor der Geburt des Kindes hat auch Auswirkungen auf den Anspruch auf das Kinderbetreuungsgeld (siehe dazu Kapitel Einkommensabhängiges Kinderbetreuungsgeld).

**Was kann die Arbeitnehmerin tun, wenn sie zum Zeitpunkt
der einvernehmlichen Lösung noch nichts von der
bestehenden Schwangerschaft wusste?**

Auch hier gilt: Die schwangere Arbeitnehmerin muss rasch reagieren, wenn sie eine Weiterbeschäftigung bis zum Beginn des Mutterschutzes möchte. Sie muss der Arbeitgeberseite die Schwangerschaft unter gleichzeitiger Vorlage einer ärztlichen Bestätigung an dem Tag, an dem Sie von der Schwangerschaft erfährt, melden. Dann gilt wie beim befristeten Arbeitsverhältnis die Ablaufhemmung und das ursprünglich einvernehmlich aufgelöste Arbeitsverhältnis verlängert sich bis zum Beginn des absoluten Beschäftigungsverbotes.

**Zusammengefasst
Kündigungs- und Entlassungsschutz –
Was ist zu beachten?**

- Der Kündigungs- und Entlassungsschutz beginnt jedenfalls mit Meldung der Schwangerschaft an die Arbeitgeberseite. Er endet vier Monate nach der Entbindung.

- Eine Kündigung oder Entlassung ist im geschützten Zeitraum nur nach vorheriger Zustimmung des Arbeits- und Sozialgerichts möglich.

- Die Zustimmung zur Kündigung erteilt das Gericht nur, wenn der/die AG das Arbeitsverhältnis wegen einer Einschränkung oder Stilllegung des Betriebes oder der Stilllegung einzelner Betriebsabteilungen nicht ohne Schaden für den Betrieb weiter aufrechterhalten kann oder sich die Arbeitnehmerin in der Tagsatzung zur mündlichen Streitverhandlung (das ist der erste Verhandlungstermin bei Gericht) nach einer Rechtsbelehrung durch den/die Richter/in über den Kündigungsschutz mit der Kündigung einverstanden erklärt.

- Die Zustimmung zur Entlassung erteilt das Gericht nur bei schwerwiegenden Verfehlungen der Arbeitnehmerin. Die Gründe hierfür sind im Mutterschutzgesetz aufgezählt.

- Spricht der/die AG eine Kündigung ohne Zustimmung des Gerichtes aus, dann ist sie rechtsunwirksam. Die Arbeitnehmerin kann in diesem Fall auf die Fortsetzung des Arbeitsverhältnisses bestehen oder stattdessen eine Kündigungsentschädigung verlangen.

- Wurde die Schwangerschaft noch nicht gemeldet und wird eine Kündigung ausgesprochen, dann ist sie trotzdem rechtsunwirksam, sofern die Arbeitnehmerin rasch reagiert: Sie muss die Schwangerschaft innerhalb von fünf Arbeitstagen nach Ausspruch der Kündigung unter gleichzeitiger Vorlage einer ärztlichen Bestätigung der Arbeitgeberseite melden.

- Wusste die Schwangere zum Zeitpunkt der Kündigung noch nichts von der bestehenden Schwangerschaft, dann muss sie die Schwangerschaft sofort ab Kenntnis davon der Arbeitgeberseite melden. Auch hier gilt: Gleichzeitig mit der Meldung der Schwangerschaft ist eine ärztliche Bestätigung vorzulegen. Dann ist die bereits ausgesprochene Kündigung rechtsunwirksam.

- Befindet sich die schwangere Arbeitnehmerin in einem befristeten Arbeitsverhältnis und liegt keine sachliche Rechtfertigung für die Befristung vor, dann ist das Arbeitsverhältnis bis zum Beginn des Beschäftigungsverbotes zu verlängern. Achtung: Während der Probezeit haben Schwangere keinen Kündigungsschutz.

- Wird das befristete Arbeitsverhältnis wegen der Schwangerschaft nicht in ein unbefristetes umgewandelt oder in der Probezeit aufgelöst, dann liegt eine Diskriminierung bei der Beendigung nach dem Gleichbehandlungsgesetz vor. Sie kann bekämpft werden.

- Eine einvernehmliche Lösung während der Schwangerschaft ist möglich. Sie muss aber zwingend schriftlich erfolgen. Vor Unterzeichnung sollten werdende Mütter jedenfalls eine Beratung in Anspruch nehmen.

Wochengeld

Wie ist das Wochengeld geregelt (§ 162 ASVG)?

Das Wochengeld dient als Ersatz des Arbeitsverdienstes für die Zeit des individuellen bzw. absoluten Beschäftigungsverbotes. Unter Arbeitsverdienst ist jeder Geld- und Sachbezug zu verstehen, der im Zeitraum von drei Kalendermonaten vor Beginn des Beschäftigungsverbotes zusteht, unabhängig von der Beitrags- oder abgabenrechtlichen Behandlung.

Wichtig

Das Wochengeld **muss bei der zuständigen Krankenkasse beantragt werden**. Das ist ab Beginn des individuellen bzw. absoluten Beschäftigungsverbotes möglich.

Dazu ist

- eine **ärztliche Bestätigung** über den voraussichtlichen Geburtstermin
- oder im Falle eines individuellen Beschäftigungsverbotes das **Freistellungszeugnis**
- sowie eine **Arbeits- und Entgeltbestätigung** von der Arbeitgeberseite erforderlich. Die Arbeits- und Entgeltsbestätigung bildet die Grundlage für die Berechnung des Wochengeldes.

Wie lange erhalten Frauen ein Wochengeld?

Grundsätzlich gilt: Das Wochengeld gebührt für die letzten acht Wochen vor der voraussichtlichen Geburt, für den Tag der Entbindung und für die ersten acht Wochen nach der Geburt (absolutes Beschäftigungsverbot).

Beispiel

- Der voraussichtliche Geburtstermin ist der 24. Mai 2020. Das Beschäftigungsverbot beginnt am 29. März 2020 und endet am 19. Juli 2020. Für diesen Zeitraum erhält die Arbeitnehmerin Wochengeld.

Die Achtwochenfrist vor der voraussichtlichen Entbindung wird aufgrund eines ärztlichen Zeugnisses berechnet. Erfolgt die Geburt zu einem anderen als ursprünglich angenommenen Zeitpunkt, so verkürzt oder verlängert sich die vorgesehene Frist vor der Entbindung entsprechend. Wird die Achtwochenfrist vor der Entbindung verkürzt, verlängert sich grundsätzlich die Frist nach der Entbindung entsprechend, höchstens aber auf 16 Wochen.

Beispiel

- Der voraussichtliche Geburtstermin ist der 24. Mai 2020. Die Achtwochenfrist davor beginnt am 29. März 2020. Erfolgt die Geburt aber am 18. Mai 2020, endet die Frist nach der Geburt am 19. Juli 2020.

  Erfolgt die Geburt jedoch am 30. Mai 2020, endet die Achtwochenfrist nach der Geburt am 25. Juli 2020.

Hinweis

Bei einer Fehlgeburt besteht kein Anspruch auf Wochengeld, aber sie kann die Arbeitsunfähigkeit infolge Krankheit begründen.

Wie ist das Wochengeld beim individuellen Beschäftigungsverbot geregelt?

Wenn bei Fortdauer der Beschäftigung Gefahr für Leben und Gesundheit von Mutter und/oder Kind besteht, kann auch schon vor Beginn des absoluten Beschäftigungsverbotes eine vorzeitige Freistellung erfolgen (siehe dazu Kapitel „Welche Beschäftigungsverbote gibt es?"). Für die Zeit einer solchen Freistellung wird von der Krankenkasse ein „vorgezogenes Wochengeld" bezahlt. Die Berechnung ist dieselbe wie beim regulären Wochengeld.

Wie ist das Wochengeld bei Frühgeburten, Mehrlingsgeburten und Kaiserschnittentbindung geregelt?

Nach einer Frühgeburt, Mehrlingsgeburt oder Kaiserschnittentbindungen erhalten Mütter Wochengeld für die Dauer von zwölf Wochen nach der Geburt.

Wie hoch ist das Wochengeld (§ 162 Abs 3 ASVG)?

Ziel des Wochengeldes ist es, jenen Verdienst zu ersetzen, den die Arbeitnehmerin während des Beschäftigungsverbots erzielen würde, wenn sie weiterhin im Erwerbsprozess tätig wäre.

Achtung
Einkommen im Zeitraum von acht Wochen vor und acht Wochen nach der Geburt haben Auswirkung auf die Höhe des Wochengeldes.

Wenn die Mutter während des Anspruches auf Wochengeld eine Erwerbstätigkeit ausübt, ruht das Wochengeld in der Höhe des aus dieser Erwerbstätigkeit erzielten Einkommens.

Beispiel

- Hat die Mutter Anspruch auf Weiterleistung von 50 v. H. ihrer Bezüge durch den/die AG, so ruht das Wochengeld zur Hälfte und wird nur zur Hälfte bezahlt.

  Hat die Mutter aufgrund gesetzlicher oder vertraglicher Bestimmungen Anspruch auf Fortbezug von mehr als 50 v. H. ihrer vollen Bezüge, ruht das Wochengeld zur Gänze, also das Wochengeld kommt in diesem Fall nicht zur Auszahlung.

Zeiten, für die der Anspruch auf Wochengeld zur Gänze ruht, werden auf die Höchstdauer des Anspruches auf Wochengeld nicht angerechnet. D.h., dadurch wird die Dauer des Wochengeldes nicht verlängert.

Achtung
Urlaubsersatzleistungen und Kündigungsentschädigungen gelten nicht als weitergeleistete Bezüge und bringen das Wochengeld nicht zum Ruhen.

Die Höhe des Wochengeldes ergibt sich

- aus dem **durchschnittlichen Nettoeinkommen der letzten drei vollen Kalendermonate** vor Beginn des Beschäftigungsverbots (Beobachtungszeitraum)
- zuzüglich eines **prozentuellen Aufschlags für die Sonderzahlungen** (Urlaubsgeld und Weihnachtsgeld). Der Aufschlag ist abhängig vom Anspruch auf Sonderzahlungen. Er beträgt 14 %, wenn die Sonderzahlung einem Monatsentgelt pro Jahr entspricht, 17 % bei zwei Monatsentgelten und 21 %, wenn Sonderzahlungen von mehr als zwei Monatsentgelten pro Jahr gebühren.
- Variable Gehaltsbestandteile müssen bei der Berechnung des Wochengeldes berücksichtigt werden.
- Entgelt für regelmäßig geleistete Überstunden oder Sonn- und Feiertagsentgelt, das vor Beginn bzw. Meldung der Schwangerschaft bezogen wurde, werden ebenso beim Wochengeld berücksichtigt.

Hinweis
Das Wochengeld wird in Tagsätzen berechnet.

Beispiel

- Frau W. ist schwanger. Der voraussichtliche Geburtstermin ihres Kindes ist der 24. Mai 2020. Das Beschäftigungsverbot beginnt am 29. März 2020 und endet am 19. Juli 2020. Das monatliche Nettoeinkommen beträgt € 1.400. Die Arbeitnehmerin hat im Kalenderjahr Anspruch auf zwei Sonderzahlungen (Urlaubszuschuss und Weihnachtsremuneration).

    Die Bemessungsgrundlage für das Wochengeld ist:
    - das Nettoeinkommen in den Monaten Dezember 2019, Jänner und Februar 2020 (Beobachtungszeitraum)
    - dividiert durch Anzahl der Kalendertage von Dezember 2019 (31), Jänner 2020 (31) und Februar 2020 (29)
    - zuzüglich 17 % Aufschlag für die zwei Sonderzahlungen ergibt sich ein Tagsatz in der Höhe von:

    1.400 × 3 : 91 + 17 % = € 54 täglich

    Hat die Arbeitnehmerin im Kalenderjahr Anspruch auf drei Sonderzahlungen (z.B. wie eine zusätzliche Prämie oder Bonus), wird ihr Tagsatz wie folgt berechnet:

    1.400 × 3 : 91 + 21 % = € 55,84 täglich

Fallen in den für die Ermittlung des durchschnittlichen Arbeitsverdienstes maßgebenden Zeitraum Zeiten, während derer die Arbeitnehmerin infolge Krankheit oder Kurzarbeit nicht das volle oder gar kein Arbeitsentgelt bezogen hat, so bleiben diese Zeiten bei der Ermittlung des durchschnittlichen Arbeitsverdienstes für die Berechnung des Wochengeldes außer Betracht. Liegt allerdings vor Beginn der Kurzarbeit kein Arbeitsverdienst vor, weil sich zB der Elternteil in Karenz ohne KBG-Bezug befand, dann ist das Arbeitsentgelt, das während der Kurzarbeit gebührte, inklusive der Kurzarbeitsunterstützung für die Berechnung des Wochengeldes relevant.

Wie hoch ist das Wochengeld bei geringfügiger Beschäftigung?

Geringfügig beschäftigte Arbeitnehmerinnen haben einen Anspruch auf Wochengeld, wenn sie von der Möglichkeit der Selbstversicherung in der Kranken- und Pensionsversicherung Gebrauch machen. Das Wochengeld ist in diesem Fall ein fixer Tagsatz und dieser beträgt € 9,61 für das Kalenderjahr 2021.

Haben freie Dienstnehmerinnen Anspruch auf Wochengeld?

Ja. Freie Dienstnehmerinnen haben Anspruch auf Wochengeld. Für die Berechnung des Wochengeldes ist das durchschnittliche Nettoeinkommen der letzten drei vollen Kalendermonate vor Beginn des Wochengeldbezuges heranzuziehen. Grundlage für die Errechnung des Wochengeldes bildet eine Arbeits- und Entgeltbestätigung, die der/die AG an den Sozialversicherungsträger zu übermitteln hat.

Wie errechnet sich das Wochengeld, wenn Arbeitslosengeld oder Notstandshilfe bezogen wird?

Beginnt das Beschäftigungsverbot während eines Bezuges aus der Arbeitslosenversicherung wie Arbeitslosengeld bzw. Notstandshilfe, so gebührt das Wochengeld in der fixen Höhe von 180 % des Arbeitslosengeldes bzw. der Notstandshilfe.

Beispiel

- Eine Mutter bezieht Arbeitslosengeld bis Ende August in der Höhe von € 27,50 täglich. Das Beschäftigungsverbot beginnt am 5. Juli. Der Tagsatz des Wochengeldes beträgt 27,50 + (27,50 × 0,80) = € 49,50.

Wie wird das Wochengeld berechnet, wenn die Schwangere Kinderbetreuungsgeld bezieht?

Tritt aufgrund einer neuerlichen Schwangerschaft ein neues Beschäftigungsverbot vor Ende des Kinderbetreuungsgeldes für das jüngste Kind ein (Zeiten überschneiden sich), so gebührt Wochengeld in der Höhe des gebührenden, täglichen Kinderbetreuungsgeldes.

Beispiel

- Anspruch auf Kinderbetreuungsgeld bis 23. Oktober 2020 mit € 33,80 täglich, das Beschäftigungsverbot für das weitere Kind beginnt am 5. September 2020. Das Wochengeld beträgt € 33,80 täglich.

Achtung
Tritt das Beschäftigungsverbot nach Ende des Kinderbetreuungsgeldbezuges ein, besteht kein Anspruch auf Wochengeld.

Zusammengefasst
Wie ist das Wochengeld geregelt?

- Das Wochengeld dient als Ersatz des Arbeitsverdienstes für die Zeit des individuellen bzw. absoluten Beschäftigungsverbotes.

- Es muss beim zuständigen Krankenversicherungsträger z.B. ÖGK beantragt werden.

- Die Höhe des Wochengeldes ergibt sich in der Regel aus dem durchschnittlichen Nettoeinkommen der letzten drei vollen Kalendermonate vor Beginn des Beschäftigungsverbotes, wobei Urlaubsgeld und Weihnachtsgeld gesondert berücksichtigt werden.

- Auch Entgelt für regelmäßig geleistete Überstunden oder Sonn- und Feiertagsentgelt werden bei Berechnung des Wochengeldes berücksichtigt.

- Auch freie Dienstnehmerinnen haben Anspruch auf Wochengeld.

- Geringfügig beschäftigte Arbeitnehmerinnen haben einen Anspruch auf Wochengeld, wenn sie von der Möglichkeit der Selbstversicherung in der Kranken- und Pensionsversicherung Gebrauch machen.

- Bezieherinnen von Arbeitslosengeld oder Notstandshilfe gebührt das Wochengeld in der fixen Höhe von 180 % des Arbeitslosengeldes bzw. der Notstandshilfe.

- Bei Bezieherinnen von Kinderbetreuungsgeld ist zu beachten: Tritt aufgrund einer neuerlichen Schwangerschaft ein neues Beschäftigungsverbot vor Ende des Kinderbetreuungsgeldes für das jüngste Kind ein (Zeiten überschneiden sich), so gebührt Wochengeld in der Höhe des gebührenden, täglichen Kinderbetreuungsgeldes. Tritt allerdings das Beschäftigungsverbot nach Ende des Kinderbetreuungsgeldbezuges ein, besteht kein Anspruch auf Wochengeld mehr.

Karenz

Karenz

- Elternkarenz: Welche Rechte haben Eltern aufgrund der Geburt eines Kindes (§ 15 MSchG/§ 2 VKG)?
  - Wie lange können Eltern eine Karenz in Anspruch nehmen?
  - Wann muss die Karenz gemeldet werden?
  - Wie soll die Karenz gemeldet werden? Mündlich oder schriftlich?

- Das Recht der Eltern, die Karenz einseitig zu gestalten
  - Welche Gestaltungsmöglichkeiten haben Eltern bei der Karenz?
    -- Verlängerung der Karenz
    -- Partnerschaftliche Teilung: Kann die Karenz zwischen den Eltern geteilt werden?
    -- Aufgeschobener Karenzteil (§ 15b MSchG/§ 4 VKG)
    -- Karenz bei Verhinderung des anderen Elternteils

- Können Adoptiv- oder Pflegeeltern eine Karenz in Anspruch nehmen (§ 15c MSchG/§ 5 VKG)?
  - Beginn und Dauer der Karenz
  - Meldung der Karenz
  - Kündigungs- und Entlassungsschutz der Adoptiv- bzw. Pflegeeltern
  - Teilung der Karenz zwischen den Adoptiv- bzw. Pflegeeltern
  - Aufgeschobene Karenz für Adoptiv- bzw. Pflegeeltern
  - Verhinderungskarenz für Adoptiv- bzw. Pflegeeltern

- Über welche Geschehnisse im Betrieb sind Eltern in Karenz zu informieren?

- Dürfen Eltern in Karenz einer Beschäftigung nachgehen (§ 15e MSchG/§ 7b VKG)?
  - Geringfügige Beschäftigung während der Karenz
    -- Geringfügige Beschäftigung beim eigenen Arbeitgeber/ bei eigener Arbeitgeberin
    -- Geringfügige Beschäftigung bei einem anderen Arbeitgeber/einer anderen Arbeitgeberin
  - Vorübergehende Beschäftigung über der Geringfügigkeitsgrenze – 13 Wochen
    -- beim eigenen Arbeitgeber/bei der eigenen Arbeitgeberin
    -- beim anderen Arbeitgeber/bei der anderen Arbeitgeberin
    -- Rechtsfolgen bei Überschreitung der 13-Wochen-Grenze oder bei Ausübung der Beschäftigung ohne Zustimmung des eigenen Arbeitgebers/der eigenen Arbeitgeberin

Inhalt

- Wiedereinstieg nach einer Karenz: Haben Eltern ein Recht auf den bisherigen Arbeitsplatz?

- Kann im Anschluss an eine Karenz eine Bildungskarenz in Anspruch genommen werden
(§ 11 AVRAG; § 81 (12) iVm § 26 Abs 1 Z 4 AlVG)?

- Welche Auswirkungen hat eine Karenz auf arbeitsrechtliche Ansprüche?
  - Anrechnung von Karenzzeiten (§ 15f MSchG/§ 7c VKG)
    -- Anrechnung der Karenz für die Kündigungsfrist
    -- Anrechnung der Karenz für die Dauer der Entgeltfortzahlung im Krankheitsfall
    -- Anrechnung der Karenz für das Urlaubsausmaß
  - Karenzzeit und kollektivvertragliche günstigere Regelungen
  - Prämien, Bonuszahlungen und weitere sonstige einmalige Bezüge
    -- Urlaubs- und Weihnachtsgeld („13. und 14. Gehalt")
  - Urlaub und Karenz
    -- Berechnung des Urlaubsanspruches
    -- Verjährung des Urlaubs
  - Abfertigung bei Inanspruchnahme einer Karenz
    -- „Abfertigung alt"
    -- „Abfertigung neu"

- Kann das Arbeitsverhältnis während einer Karenz beendet werden?
  - Kündigung durch den Arbeitgeber oder die Arbeitgeberin
    (§ 10 MSchG/§ 7 VKG)
    -- Zustimmung des Arbeits- und Sozialgerichtes
    -- Rechtsunwirksame Kündigung/Entlassung: Mütter und Väter haben ein Wahlrecht
  - Einvernehmliche Auflösung
    -- Anspruch auf Abfertigung
  - Kündigung durch den Arbeitnehmer oder die Arbeitnehmerin
  - Austritt aus Anlass der Mutterschaft/Vaterschaft
    (§ 23a Abs 3 AngG/§ 15r MSchG/§ 9a VKG)
    -- Auflösungsform
    -- Anspruch auf Abfertigung
  - Befristung

- Rechtsfolgen einer rechtsunwirksamen Kündigung für den Arbeitgeber oder die Arbeitgeberin?

Elternkarenz: Welche Rechte haben Eltern aufgrund der Geburt eines Kindes (§ 15 MSchG/§ 2 VKG)?

Elternkarenz

Die Karenz ist der arbeitsrechtliche Anspruch auf Freistellung von der Arbeitsleistung gegen Entfall des Arbeitsentgelts.

Sie kann durch einen einseitigen Akt **(fristgerechte Bekanntgabe an den/die AG)** in Anspruch genommen werden und bedarf keiner Zustimmung des/der AG. Der Arbeitsvertrag besteht weiterhin, wird jedoch für die Dauer der Karenz mit allen Rechten und Pflichten ruhend gestellt. Einen Anspruch auf Karenz haben Arbeitnehmer/-innen, Heimarbeiter/-innen, Beamte/-innen und Vertragsbedienstete des Bundes.

Eine **partnerschaftliche Teilung** der Karenz ist vorgesehen: Beide Elternteile können eine Karenz beanspruchen. Sie kann entweder von einem Elternteil alleine oder von beiden Elternteilen abwechselnd in Anspruch genommen werden. Auch **gleichgeschlechtliche Paare** haben Anspruch auf Karenz. Das Recht haben insb. Frauen, deren Partnerin durch medizinisch unterstützte Fortpflanzung ein Kind bekommt!

Hinweis
Hat der/die AN zum Zeitpunkt der Meldung der Karenz mehrere Arbeitsverhältnisse, kann sie/er selbst entscheiden, ob und in welchem dieser Arbeitsverhältnisse Karenz in Anspruch genommen wird.

Die Karenz dient der Pflege und Betreuung des Kindes durch den jeweiligen karenzierten Elternteil, daher muss der Elternteil, welcher Karenz in Anspruch nimmt, mit dem Kind tatsächlich im **gemeinsamen Haushalt** leben.

Achtung
Karenz ist vom Kinderbetreuungsgeld zu unterscheiden.

In der Praxis kommt es immer wieder zu einer Verwechselung bzw. Gleichstellung von Karenz und dem Bezug des Kinderbetreuungsgeldes. Eltern gehen oft davon aus, dass sie für die Dauer des Kinderbetreuungsgeldbezuges auch jedenfalls Anspruch auf Karenz haben oder umgekehrt.

Karenz
ist der Anspruch der Mutter bzw. des Vaters gegenüber dem/der AG aufgrund der Geburt des Kindes für einen bestimmten Zeitraum von der Arbeitsleistung gegen Entfall des Arbeitsentgelts befreit zu sein.

Kinderbetreuungsgeld

ist eine staatliche Geldleistung, die durch die jeweiligen Sozialversicherungsträger z.B. ÖGK zur Auszahlung gelangt. Sie gebührt unter bestimmten Voraussetzungen aufgrund der Geburt eines Kindes (siehe dazu Kapitel „Kinderbetreuungsgeld").

Achtung

- Der Antrag auf Kinderbetreuungsgeld bei der Krankenkasse ersetzt nicht die Meldung der Karenz an den/die AG. Die Mitteilung der Krankenkasse über die Dauer und Höhe des Kinderbetreuungsgeldes bedeutet nicht zugleich, dass für diese Dauer Karenz beansprucht werden kann bzw. wird.
- Eine eigene Meldung der Karenz an den/die AG ist jedenfalls erforderlich.

Wie lange können Eltern eine Karenz in Anspruch nehmen?

Der Beginn und die Dauer der Karenz hängen davon ab, ob nur ein Elternteil Karenz beansprucht oder sich beide Elternteile die Karenz teilen.

Beginn der Karenz

Es sind drei mögliche Zeitpunkte des Beginns einer Karenz vorgesehen:

- Im Anschluss an das Beschäftigungsverbot der Mutter,
- unmittelbar im Anschluss an die Karenz des anderen Elternteils oder
- zu einem späteren Zeitpunkt, sofern ein Elternteil keinen Anspruch auf Karenz hat.

Im Anschluss an das Beschäftigungsverbot:

Grundsätzlich muss eine Karenz direkt im Anschluss an das Beschäftigungsverbot (in der Regel acht Wochen nach der Geburt) angetreten werden. Sie kann aber bei der Mutter auch im Anschluss an einen Urlaub, eine Krankheit oder einen Unglücksfall beginnen, wenn der Urlaub, die Krankheit oder der Unglücksfall unmittelbar an das Beschäftigungsverbot anschließt.

Unmittelbar im Anschluss an die Karenz des anderen Elternteils:

Teilen sich die Eltern die Karenz, so muss der zweite Elternteil seine Karenz **unmittelbar im Anschluss an die Karenz des ersten Elternteils** antreten (siehe dazu Kapitel „Teilung der Karenz").

Achtung

Es darf keine zeitliche Lücke zwischen der Karenz des ersten und des zweiten Elternteils entstehen.

Beispiel

- Die Eltern des kleinen Tobias (geboren am 24. August 2019) entscheiden sich, die Karenz zu teilen. Nimmt die Mutter Karenz bis zur Vollendung des ersten Lebensjahres von Tobias, folglich bis einschließlich des 23. August 2020, in Anspruch, so muss die Karenz des Vaters am 24. August 2020 beginnen.

Zu einem späteren Zeitpunkt

Steht einem Elternteil kein Anspruch auf Karenz zu, weil er kein Arbeitsverhältnis hat, so kann der andere Elternteil, unter Einhaltung einer Meldefrist von drei Monaten vor dem beabsichtigten Beginn, zu einem späteren Zeitpunkt seine Karenz antreten.

Beispiel

- Die Mutter der kleinen Laura ist Studentin, und der Vater hat ein aufrechtes Arbeitsverhältnis. Aufgrund der Geburt der kleinen Laura am 24. Dezember 2019 entscheidet sich der Vater, ab 1. September 2020 in Karenz zu gehen. Er meldet am 28. Mai 2020 die Karenz bei seinem/seiner AG und kann sodann, wie geplant, am 1. September 2020 seine Karenz antreten.

Dauer der Karenz

Abgesehen von der Mindest- und Maximaldauer der Karenz haben Eltern bei der Entscheidung über die Dauer ihrer Karenz ein gewisses Maß an Gestaltungsfreiheit.

Mindestdauer

Die Karenz muss mindestens zwei Monate andauern; eine kürzere Dauer ist gesetzlich nicht vorgesehen.

Maximaldauer

Die Karenz kann längstens bis zum Ablauf des zweiten Lebensjahres des Kindes in Anspruch genommen werden.

Hinweis

Der Tag der Geburt ist der erste Tag des ersten Lebensjahres des Kindes. Somit endet die Karenz spätestens am Tag vor dem zweiten Geburtstag des Kindes.

Beispiel

- Laura wurde am 20. Dezember 2019 geboren. Ihre Mutter will die Maximaldauer der Karenz in Anspruch nehmen. Die Karenz endet mit dem vollendeten zweiten Lebensjahr, d.h. mit Ablauf des 19. Dezember 2021. Der erste Arbeitstag für die Mutter von Laura nach der Karenz ist folglich der 20. Dezember 2021.

Wie soll die Karenz gemeldet werden? Mündlich oder schriftlich?

Die Meldung der Karenz ist grundsätzlich an keine bestimmte Form gebunden. Es ist daher möglich, die beabsichtigte Karenz auch mündlich zu melden. Um Missverständnisse zu vermeiden bzw. um zu beweisen, dass die Karenz fristgerecht oder überhaupt gemeldet wurde, ist es aber jedenfalls empfehlenswert, die Karenz **schriftlich zu melden**.

Um sich für eine bestimmte Karenzzeit festzulegen, hat die Meldung den beabsichtigten Beginn und die Dauer der Karenz zu enthalten.

Hinweis

Die Meldung der Karenz sollte mittels eines „eingeschriebenen" Briefes dem/der AG mitgeteilt werden. Dabei ist aber immer der Postweg zu berücksichtigen. **Dh, das Schreiben muss fristgerecht dem/der AG zugehen.** Daher empfiehlt es sich, die Meldung jedenfalls zeitgerecht vorzunehmen und nicht am letzten Tag. Die Meldung kann aber auch persönlich durch die Übergabe an den/die AG erfolgen. Eltern sollten sich aber den Empfang samt Datum bestätigen lassen.

Achtung

Wenn eine bestimmte Karenzdauer gemeldet wurde, ist es nicht mehr möglich, diese Dauer einseitig vorzeitig zu beenden. Der Elternteil ist an die von ihm gemeldete Karenzdauer gebunden. Nur mit Zustimmung des/der AG ist eine vorzeitige Beendigung und ein früherer Wiederantritt der Arbeit vor dem bereits beantragten Karenzende möglich.

Wann muss die Karenz gemeldet werden?

Der Meldezeitpunkt der Karenz hängt davon ab, welcher Elternteil zuerst Karenz in Anspruch nimmt und ob eine Teilung der Karenz zwischen den Eltern geplant ist.

Erster Meldezeitpunkt

- Für die Mutter gilt: Wenn sie gleich im Anschluss an das Beschäftigungsverbot nach der Geburt eine Karenz antreten will, dann muss sie die Karenz innerhalb des Beschäftigungsverbots nach der Geburt melden.

- Für den Vater gilt: Wenn er im Anschluss an das Beschäftigungsverbot der Mutter nach der Geburt seine Karenz antreten will, dann muss er innerhalb der Frist von 8 Wochen nach der Geburt melden.

Meldefrist der Mutter:

Wird die Karenz im Anschluss an das Beschäftigungsverbot von der Mutter in Anspruch genommen, so hat diese den Beginn und die Dauer der Karenz ihrem/ihrer AG **innerhalb des Beschäftigungsverbotes nach der Geburt** zu melden. Der Zugang der Meldung an den/die AG hat innerhalb dieser Frist zu erfolgen.

Kommt das Kind durch einen Kaiserschnitt zur Welt bzw. liegt eine Mehrlings- oder Frühgeburt vor, so verlängert sich das Beschäftigungsverbot nach der Geburt auf zumindest zwölf Wochen. In diesem Fall hat die Mutter zumindest zwölf Wochen Zeit, um die Karenz bei ihrem/ihrer AG zu melden.

Siehe Musterbrief:
„Meldung einer Karenz im Anschluss an das Beschäftigungsverbot"

Meldung einer Karenz nach § 15 MSchG/§ 2 VKG

EINSCHREIBEN oder Übergabebestätigung

....

Vorname   Nachname   Ort, Datum

....
....

Adresse

....
....
....

Arbeitgeber/Arbeitgeberin

Betrifft: Meldung der Karenz

Sehr geehrte Damen und Herren,

ich bin bei Ihnen seit .... als ....
beschäftigt.

Die Geburt meines Kindes erfolgte am ...., die Schutzfrist nach der Geburt endet am ....

Ich teile Ihnen mit, dass ich eine Karenz bis zum ....
(genaues Datum) in Anspruch nehme.

Ich ersuche um Kenntnisnahme und verbleibe

mit freundlichen Grüßen

....

Unterschrift

Beispiel

- Lisa kommt am 24. Mai 2020 per Kaiserschnitt zur Welt. Da die Mutter ihre Karenz im Anschluss an das Beschäftigungsverbot antreten will, hat sie bis einschließlich den 16. August 2020 (zwölf Wochen nach der Geburt) Zeit, um die Karenz bei ihrem/ihrer AG zu melden. Die Karenzmeldung muss dabei spätestens am 16. August 2020 beim/bei der AG einlangen.

Meldefrist des Vaters

Will der Vater seine Karenz im Anschluss an das Beschäftigungsverbot der Mutter in Anspruch nehmen, so muss er **innerhalb von acht Wochen nach der Geburt** die Karenz bei seinem/seiner AG melden.

Achtung

Wenn die Väterkarenz unmittelbar im Anschluss an das Beschäftigungsverbot der Mutter beginnen soll, so muss der Vater **innerhalb der acht Wochen nach der Geburt** seine Karenz bei seinem/seiner AG melden und zwar unabhängig davon, wie lange das Beschäftigungsverbot der Mutter dauert.

Beispiel

- Lisa kommt am 24. Mai 2020 per Kaiserschnitt zur Welt. Der Vater nimmt den ersten Teil der Karenz in Anspruch und will unmittelbar im Anschluss an das Beschäftigungsverbot der Mutter (zwölf Wochen) seine Karenz antreten. Obwohl die Karenz erst nach Ablauf der zwölf Wochen nach der Geburt (ab dem 17. August 2020) beginnen kann, muss der Vater seine Karenz bis einschließlich 19. Juli 2020 (innerhalb von acht Wochen nach der Geburt) bei seinem/seiner AG melden.

Teilung der Karenz zwischen den Eltern: zweiter Meldezeitpunkt (§ 15a MSchG/§ 3VKG)

Wollen sich die Eltern die Karenz teilen, so muss der zweite Elternteil die zweite Meldefrist einhalten, da dessen Karenz erst unmittelbar im Anschluss an die Karenz des ersten Elternteils beginnen kann. In diesem Fall hat der zweite Elternteil **spätestens drei Monate vor Ablauf der Karenz des ersten Elternteils** seine Karenz bei seinem/seiner AG zu melden.

Siehe Musterbrief:
„Meldung der Karenz bei Teilung"

Meldung einer Karenz bei Teilung gem § 15a MSchG/§ 3 VKG

EINSCHREIBEN oder Übergabebestätigung

....
Vorname   Nachname   Ort, Datum

....
....
Adresse

....
....
Arbeitgeber/Arbeitgeberin

Betrifft: Meldung einer Karenz im Anschluss an die Karenz des anderen Elternteils

Sehr geehrte Damen und Herren,

ich bin bei Ihnen seit .... als .... beschäftigt.

Die Geburt meines Kindes erfolgte am ....

Ich teile Ihnen mit, dass ich im Anschluss an die Karenz der Mutter/des Vaters ab .... bis .... eine Karenz in Anspruch nehme. Die Mutter/Der Vater des Kindes beansprucht in dieser Zeit keine Karenz.

Ich ersuche um Kenntnisnahme und verbleibe

mit freundlichen Grüßen

....
Unterschrift

Achtung

Der Kündigungsschutz für den zweiten Elternteil beginnt ab der Meldung, frühestens vier Monate vor Antritt seiner Karenz, für den Vater jedoch nicht vor der Geburt des Kindes.

Tipp

Damit ein Kündigungsschutz ab der Meldung der Karenz besteht, sollte die Karenz frühestens vier Monate vor Antritt, spätestens jedoch drei Monate vor dem Ablauf der Karenz des anderen Elternteils gemeldet werden.

Beispiel

- Lisa kommt am 24. Mai 2020 per Kaiserschnitt zur Welt. Die Mutter meldet innerhalb der Schutzfrist nach der Geburt (zwölf Wochen) bei ihrem/ihrer AG ihre Karenz, und zwar für die Dauer bis zur Vollendung des ersten Lebensjahres des Kindes, folglich bis einschließlich 23. Mai 2021. Der Vater von Lisa will im Anschluss an die Karenz der Mutter, ab dem 24. Mai 2021, seine Tochter Lisa betreuen und dafür Karenz in Anspruch nehmen. In diesem Fall hat der Vater seine Karenz frühestens vier Monate vor Antritt, spätestens jedoch drei Monate vor dem Ende der Karenz der Mutter zu melden. Meldet er seine Karenz beispielsweise am 28. Jänner 2021 bei seinem/seiner AG, besteht für den Vater ab Meldung seiner Karenz der gesetzliche Kündigungsschutz.

Dritter Meldezeitpunkt: Ein Elternteil hat keinen Anspruch auf Karenz

Hat ein Elternteil bei der Geburt des Kindes keinen Anspruch auf Karenz, weil kein aufrechtes Arbeitsverhältnis besteht (etwa bei Arbeitslosigkeit, als Student/in oder freie/r Dienstnehmer/in), dann kann der andere Elternteil dennoch bei seinem/seiner AG in Karenz gehen. Er hat in diesem Fall zwei Möglichkeiten: Er kann die Karenz direkt im Anschluss an das (fiktive) Beschäftigungsverbot der Mutter antreten (siehe erster Meldezeitpunkt) oder zu einem späteren Zeitpunkt. Möchte dieser Elternteil die Karenz zu einem späteren Zeitpunkt antreten, dann hat er seine Karenz zumindest **drei Monate vor dem beabsichtigten Beginn** zu melden.

Achtung

Auch in diesem Fall muss eine Karenz mindestens zwei Monate dauern und kann maximal bis zum Ablauf des zweiten Lebensjahres des Kindes in Anspruch genommen werden.

Tipp

Um den Kündigungsschutz ab dem Zeitpunkt der Meldung der Karenz zu wahren, sollte die Meldung frühestens vier Monate, spätestens jedoch drei Monate vor dem beabsichtigten Beginn der Karenz erfolgen.

Beispiel

- Die Mutter von Lukas, der am 13. September 2019 geboren wurde, ist Studentin und hat keinen Anspruch auf Karenz. Der Vater von Lukas ist Angestellter und will erst nach dem ersten Geburtstag seines Kindes Karenz beanspruchen. Er beabsichtigt, ab 15. Oktober 2020 in Karenz zu gehen. Seine Karenz meldet er bei seinem/seiner AG am 25. Juni 2020. Ab dem Zeitpunkt der Meldung hat der Vater von Lukas einen Kündigungsschutz.

Hinweis

Trotz Versäumnis einer der Meldefristen ist es immer noch möglich – sofern das Kind noch keine zwei Jahre alt ist – mit Zustimmung des/der AG eine Karenz im Rahmen des Mutterschutzgesetzes bzw. Väterkarenzgesetzes mit allen Schutzbestimmungen, insbesondere mit dem Kündigungsschutz, zu vereinbaren.

Siehe Musterbrief:
„Vereinbarung einer Karenz"

Vereinbarung einer Karenz

zwischen

Arbeitgeber/Arbeitgeberin ....

und

Arbeitnehmer/Arbeitnehmerin ....

wird gemäß § 15 Abs 3 MSchG/§ 2 Abs 5 VKG eine Karenz nach den Bestimmungen des Mutterschutzgesetzes bzw. des Väterkarenzgesetzes für die Zeit von .... (mindestens zwei Monate) bis .... (maximal bis zur Vollendung des 2. Lebensjahres des Kindes) vereinbart.

....
Datum

....
Unterschrift   Unterschrift
Arbeitgeber/Arbeitgeberin   Arbeitnehmer/Arbeitnehmerin

Tabelle: **Übersicht über die Meldefristen für eine Elternkarenz**

Karenz	Elternteil	Meldefristen	Antrittszeitpunkt
Erster Meldezeitpunkt	Mutter	Innerhalb des Beschäftigungsverbotes nach der Geburt	im Anschluss an das Beschäftigungsverbot
	Vater	Innerhalb der acht Wochen nach der Geburt	im Anschluss an das Beschäftigungsverbot der Mutter
Zweiter Meldezeitpunkt	Mutter	frühestens vier spätestens drei Monate vor Ende der Karenz des anderen Elternteils	im Anschluss an die Karenz des Vaters
	Vater	frühestens vier spätestens drei Monate vor Ende der Karenz des anderen Elternteils	im Anschluss an die Karenz der Mutter
Dritter Meldezeitpunkt	Mutter	frühestens vier spätestens drei Monate vor dem beabsichtigten Beginn	zu einem späteren Zeitpunkt, wenn der Vater keinen Anspruch auf Karenz hat
	Vater	frühestens vier spätestens drei Monate vor dem beabsichtigten Beginn	zu einem späteren Zeitpunkt, wenn die Mutter keinen Anspruch auf Karenz hat

Zusammengefasst
Was ist bei der Meldung der Karenz alles zu beachten?

Die Elternkarenz ist dem/der AG zu melden. Drei Meldezeitpunkte sind gesetzlich möglich:

- Erster Meldezeitpunkt: Soll die Karenz unmittelbar nach dem Beschäftigungsverbot nach der Geburt beginnen? Dann gelten folgende Meldefristen:
  - Für Mütter: innerhalb des Beschäftigungsverbotes nach der Geburt.
  - Für Väter: innerhalb der Frist von acht Wochen nach der Geburt.

- Zweiter Meldezeitpunkt: Wollen sich Eltern die Karenz teilen? Dann gelten folgende Meldefristen:
  - Bei einer Teilung der Karenz spätestens drei Monate vor Ablauf der Karenz des anderen Elternteils.
  - Nimmt die Mutter oder der Vater im Anschluss an das Beschäftigungsverbot weniger als drei Monate Karenz in Anspruch? In diesem Fall hat der zweite Elternteil seine daran anschließende Karenz innerhalb des Beschäftigungsverbotes zu melden.
- Der Kündigungsschutz beginnt in diesem Fall vier Monate vor dem beabsichtigten Antritt der Karenz.
- Dritter Meldezeitpunkt: Welche Frist ist zu beachten, wenn ein Elternteil keinen Anspruch auf Karenz hat?
  - Soll die Karenz gleich im Anschluss an das Beschäftigungsverbot nach der Geburt beginnen, dann hat die Mutter ihre Karenz innerhalb des Beschäftigungsverbots zu melden. Der Vater muss in diesem Fall seine Karenz innerhalb von 8 Wochen melden.
  - Wenn ein Elternteil keinen Anspruch auf Karenz hat, weil kein Arbeitsverhältnis vorliegt, so muss der andere Elternteil die Karenz spätestens drei Monate vor dem beabsichtigten Beginn melden, wenn er die Karenz nicht gleich im Anschluss an das Beschäftigungsverbot antreten möchte.
- Werden Meldezeitpunkte versäumt, ist mit Zustimmung des/der AG immer noch eine vereinbarte Karenz nach dem Mutterschutz- bzw. Väterkarenzgesetz möglich, sofern das Kind noch nicht zwei Jahre alt ist.
- Die Karenz ist an keine bestimmte Form gebunden. Es ist jedoch dringend zu empfehlen, die Karenz aus Beweisgründen schriftlich zu melden.
- Ohne Zustimmung des/der AG ist eine vorzeitige Beendigung der ursprünglich gemeldeten Karenz nicht möglich.

Das Recht der Eltern, die Karenz einseitig zu gestalten

Welche Gestaltungsmöglichkeiten haben Eltern bei der Karenz?

Verlängerung der Karenz (§§ 15 Abs 3 MSchG/§ 2 Abs 5 VKG)

Wird die Karenz nicht bis zur Maximaldauer, also nicht bis zum Ablauf des zweiten Lebensjahres des Kindes (Tag vor dem zweiten Geburtstag), beim/bei der AG gemeldet, so besteht **einmalig** die Möglichkeit, diese Karenz **einseitig zu verlängern**.

Das Recht auf Verlängerung der Karenz bietet Eltern die Möglichkeit, sich nicht über den gesamten Karenzanspruch sofort bzw. während des Beschäftigungsverbotes nach der Geburt entscheiden zu müssen. Der Anspruch auf Verlängerung der Karenz ist wichtig, denn es lässt sich oft nach der Geburt noch nicht abschätzen, wie die Kinderbetreuung organisiert werden kann bzw. wie sich das Kind entwickeln wird.

Meldefrist

Die Meldung der Verlängerung der Karenz muss beim/bei der AG **spätestens drei Monate vor dem Ablauf der bereits gemeldeten Karenz** einlangen. Diese Meldung hat das beabsichtigte Ende der Verlängerung zu beinhalten. Auch die Meldung einer Verlängerung sollte **schriftlich** erfolgen (siehe Musterbrief).

> **Hinweis**
> Dauert die ursprüngliche Karenz weniger als drei Monate? In diesem Fall muss die Verlängerung der Karenz spätestens zwei Monate vor Ende der Karenz gemeldet werden.

Beispiel 1

- Die Mutter von Jessica (geboren am 7. Oktober 2019), meldete innerhalb des Beschäftigungsverbotes nach der Geburt bei ihrem/ihrer AG Karenz bis einschließlich dem 6. Oktober 2020 (Tag vor dem ersten Geburtstag). Da sich der Kinderbetreuungsplatz nicht organisieren lässt – wie die Mutter ursprünglich plante – kann sie spätestens am 5. Juli 2020 die einmalige einseitige Verlängerung ihrer Karenz und zwar bis längstens zum Ablauf des zweiten Lebensjahres ihrer Tochter, also bis einschließlich 6. Oktober 2021, bei ihrem/ihrer AG bekannt geben.

Beispiel 2

- Meldet die Mutter von Jessica die einmalige einseitige Verlängerung fristgerecht, jedoch nur bis zur Vollendung des 18. Lebensmonats ihrer Tochter, und möchte sie sodann doch noch bis zum zweiten Geburtstag zu Hause bleiben, so ist dies nur mit Zustimmung ihres/ihrer AG möglich, da die einseitige Verlängerung gesetzlich nur einmal vorgesehen ist.

Hinweis

Bei Versäumnis der Meldefrist kann eine Karenzverlängerung mit dem/der AG trotzdem noch vereinbart werden.

Siehe Musterbrief:
„Verlängerung der Karenz"

Gesetzliche Verlängerung der Karenz gem § 15 Abs 3 MSchG/§ 2 Abs 5 VKG

EINSCHREIBEN oder Übergabebestätigung

....
Vorname Nachname   Ort, Datum

....
....
Adresse

....
....
Arbeitgeber/Arbeitgeberin

Betrifft: Gesetzliche Verlängerung der Karenz

Sehr geehrte Damen und Herren,

ich bin bei Ihnen seit .... als ....
beschäftigt. Die Geburt meines Kindes erfolgte am ....

Am .... habe ich eine Karenz bis zum ....
gemeldet. Innerhalb offener Frist teile ich Ihnen mit, dass ich die Karenz bis zum .... verlängere.

Ich ersuche um Kenntnisnahme und verbleibe

mit freundlichen Grüßen

....
Unterschrift

Vertragliche Karenzvereinbarung nach Ablauf des zweiten Lebensjahres des Kindes

Eine Verlängerung der Karenz über das zweite Lebensjahr des Kindes hinaus ist **gesetzlich nicht vorgesehen**. Es besteht demnach **kein Rechtsanspruch** darauf.

Will eine Mutter bzw. ein Vater zuhause bleiben bis das Kind beispielsweise zweieinhalb Jahre alt ist, so kann mit dem/der AG nur eine freiwillige Karenzierung des Arbeitsverhältnisses vereinbart werden.

Wichtig

In diesem Fall handelt es sich jedoch nicht um eine Karenz nach den Bestimmungen des Mutterschutz- oder Väterkarenzgesetzes, sondern um eine freiwillige Freistellung von der Arbeitsleistung, welche nicht den Schutzbestimmungen, insbesondere nicht dem Kündigungsschutz des Mutterschutz- oder Väterkarenzgesetzes, unterliegt.

Tipp

Es empfiehlt sich daher von Seiten der Eltern im Falle einer weiteren Karenzierung schriftlich mit dem/der AG einen Kündigungsverzicht für diesen Zeitraum vertraglich zu vereinbaren.

Siehe Musterbrief:
„Ansuchen um einer Karenzierung über das zweite Lebensjahr des Kindes hinaus"

**Ansuchen um freiwillige Karenzierung
über das zweite Lebensjahr des Kindes hinaus**

EINSCHREIBEN

....
Vorname Nachname   Ort, Datum

....
....
Adresse

....
....
....
Arbeitgeber/Arbeitgeberin

Betrifft: Ansuchen um Karenzverlängerung

Sehr geehrte Damen und Herren,

aufgrund der Geburt meines Kindes am .... befinde ich mich bis .... in gesetzlicher Karenz. Im Anschluss daran ersuche ich um eine Karenzierungsvereinbarung zur weiteren Betreuung meines Kindes bis ....

Es wird ausdrücklich festgehalten, dass der/die AG für die Dauer der Karenzierung auf das Kündigungsrecht verzichtet.

Ich ersuche um Zustimmung und schriftliche Bestätigung.

Mit freundlichen Grüßen

....
Unterschrift

Da kein Rechtsanspruch auf die freiwillige weitere Karenzierung über das zweite Lebensjahr des Kindes hinaus besteht, ist eine solche, im Gegensatz zur Verlängerung der gesetzlichen Karenz (maximal bis zum Ablauf des zweiten Lebensjahres), nicht an eine Meldefrist gebunden. Eine solche Vereinbarung kann kurz vor dem Wiederantritt bzw. am Tag des Wiederantritts mit dem/der AG getroffen werden.

Zusammengefasst
Was ist bei der Verlängerung der Karenz alles zu beachten?

- Verlängerung der Karenz bis zum Ablauf des zweiten Lebensjahres des Kindes:
  - Die Karenzzeit kann **nur einmal verlängert** werden, sofern nicht bereits die Maximaldauer der Karenz bis zum Ablauf des zweiten Lebensjahres des Kindes beansprucht wurde.
  - Die Meldung der Verlängerung muss in der Regel **spätestens drei Monate vor Ablauf der bereits gemeldeten Karenz schriftlich** beim/bei der AG einlangen.

- Vertragliche Verlängerung der Karenz nach Ablauf des zweiten Lebensjahres des Kindes:
  - Da eine Verlängerung der Karenz über das zweite Lebensjahr des Kindes hinaus gesetzlich nicht vorgesehen ist, kann eine weitere Karenzierung nur mit Zustimmung des/der AG vereinbart werden.
  - Für die Zeit der freiwilligen Karenzierung sollte, mit dem/der AG ausdrücklich ein Kündigungsverzicht vereinbart werden.

Partnerschaftliche Teilung:
Kann die Karenz zwischen den Eltern geteilt werden?
(§ 15a MSchG, § 3 VKG)

Ja. Zwischen den Eltern kann die Karenz **zweimal geteilt** werden, woraus sich eine flexiblere Gestaltungsmöglichkeit bei der Inanspruchnahme der Karenz ergibt.

Die Voraussetzungen sind:

- ein gemeinsamer Haushalt mit dem Kind,
- ein Karenzteil hat zumindest zwei Monate zu betragen,
- der Karenzteil eines Elternteils muss unmittelbar an den Karenzteil des anderen Elternteils anschließen,
- die Meldefristen an den/die AG sind einzuhalten.

Achtung

Die Höchstdauer der Karenz wird durch die Teilung der Karenz zwischen den Eltern nicht verlängert. Auch wenn beide Elternteile Karenz beanspruchen, endet sie für beide mit dem Ablauf des zweiten Lebensjahres des Kindes.

Eltern können die Karenz zweimal wechseln, sodass daraus drei Karenzteile entstehen, wobei jeder Teil zumindest zwei Monate andauern muss:

- Mutter – Vater – Mutter oder
- Vater – Mutter – Vater

Grundsätzlich ist eine zeitgleiche Inanspruchnahme einer Karenz durch beide Eltern nicht vorgesehen.

Ausnahme:

Lediglich aus Anlass des erstmaligen Wechsels der Betreuungsperson können beide Eltern **einen Monat** lang (sog. „**Überlappungsmonat**") zeitgleich Karenz in Anspruch nehmen.

Achtung

Wird ein „Überlappungsmonat" in Anspruch genommen, so verkürzt sich die Höchstdauer der Karenz um dieses eine Monat, d.h. die Karenz endet einen Monat vor dem sonst längst möglichen Zeitraum der Karenz. Die Maximaldauer der Karenz wird somit auf das Ende des 23. Lebensmonats des Kindes verkürzt.

Beispiel 1

- Die Mutter und der Vater von Tobias, der am 5. September 2019 geboren wurde, wollen sich die Karenz teilen. Die Mutter beansprucht Karenz bis zum Ablauf des 18. Lebensmonats von Tobias, also bis einschließlich 4. März 2021. Der Vater muss seine Karenz unmittelbar anschließend, folglich ab dem 5. März 2021 antreten. Der Vater will nur die Mindestdauer von zwei Monaten in Anspruch nehmen. Im Anschluss daran nimmt die Mutter wieder Karenz bis zum Ablauf des zweiten Lebensjahres des Kindes, also bis einschließlich 4. September 2021 in Anspruch.

Beispiel 2

- Sind der Vater und die Mutter von Tobias während des 18. Lebensmonats zeitgleich in Karenz („Überlappungsmonat"), so kann in diesem Fall eine Maximaldauer der Karenz nur mehr bis zum Ablauf des 23. Lebensmonats von Tobias, also bis einschließlich 4. August 2021 in Anspruch genommen werden.

Meldefristen im Fall einer Teilung der Karenz zwischen den Eltern

Nimmt der eine Elternteil im Anschluss an die Karenz des anderen Elternteils Karenz in Anspruch, so hat er dies seinem/seiner AG spätestens drei Monate vor dem Ende der Karenz des zuerst beanspruchenden Elternteils bekannt zu geben (siehe Zweiter Meldezeitpunkt).

Achtung

Nehmen Eltern einen Monat Karenz gleichzeitig in Anspruch („Überlappungsmonat"), dann muss der zweite Elternteil spätestens drei Monate vor Antritt seiner Karenz diese dem/der AG bekanntgeben.

Beispiel

- Hat der erste Elternteil Karenz bis zum Ablauf des zehnten Lebensmonats des Kindes in Anspruch genommen, so hat der zweite Elternteil seinem/seiner AG spätestens bis zum Ablauf des siebenten Lebensmonats des Kindes bekannt zu geben, dass er Karenz im Anschluss an die Karenz des ersten Elternteils in Anspruch nehmen wird.

Hinweis

Nimmt der zweite Elternteil seinen Karenzteil im Anschluss an einen Karenzteil des ersten Elternteils in Anspruch, so beginnt der Kündigungsschutz grundsätzlich mit dem Zeitpunkt der Bekanntgabe, frühestens jedoch vier Monate vor dem Antritt des Karenzteils.

Achtung

Der/Die AG kann eine Bestätigung darüber verlangen, dass der andere Elternteil für die Dauer der bekanntgegebenen Karenz nicht selbst auch Karenz beansprucht.

Zusammengefasst
Was ist bei der Teilung der Karenz zwischen den Eltern zu beachten?

- Ein Karenzteil muss zumindest zwei Monate betragen;
- bei Teilung der Karenz zwischen den Eltern müssen die Karenzteile unmittelbar aneinander anschließen;
- die Höchstdauer der Karenz wird durch die Teilung nicht erhöht und endet jedenfalls mit der Vollendung des zweiten Lebensjahres des Kindes;
- eine gleichzeitige Karenz beider Elternteile ist, mit der Ausnahme eines „Überlappungsmonats" bei erstmaligem Wechsel, nicht möglich.

In diesem Fall verkürzt sich die Höchstdauer der Karenz um einen Monat;
- der Kündigungs- und Entlassungsschutz beginnt bei einer Teilung der Karenz vier Monate vor Antritt des Karenzteils und endet vier Wochen nach dessen Ende.

Aufgeschobener Karenzteil (§ 15b MSchG/§ 4 VKG)

Jeder Elternteil hat die Möglichkeit, sich jeweils drei Monate seiner Karenz gleichsam aufzusparen, um diesen Karenzteil zu einem späteren Zeitpunkt zu verbrauchen. Dieser aufgeschobene Karenzteil soll **bis zum Ablauf des siebenten Lebensjahres des Kindes** bzw. auch darüber hinaus, wenn das Kind zu einem späteren Zeitpunkt in die Schule eintritt, verbraucht werden. Damit sollen beispielsweise die Umstellung der Betreuungssituation, insbesondere von der familiären auf die außenfamiliäre Betreuung (Kindergarten, Kinderkrippe, Tagesmutter, ...) oder die Lösung von Problemen während des Schuleintrittes erleichtert werden.

Voraussetzung

Voraussetzung für die Verschiebung des Karenzteils auf einen, nach dem zweiten Geburtstag des Kindes liegenden Zeitraum ist jedenfalls die **Vereinbarung** mit dem/der AG. Es besteht kein Rechtsanspruch darauf.

Vorverlegung des Endes der Karenz

Vereinbart ein Elternteil mit seinem/seiner AG, einen Karenzteil zu einem späteren Zeitpunkt in Anspruch zu nehmen, so verkürzt sich die Karenz; sie endet sodann mit Ablauf des 21. Lebensmonats des Kindes.

Wollen beide Elternteile sich die Karenz aufheben – jeweils für die Dauer von drei Monaten – so verkürzt sich die Höchstdauer der Karenz um insgesamt sechs Monate. Die Karenz endet mit der Vollendung des 18. Lebensmonats des Kindes.

Achtung

Es besteht kein Rechtsanspruch auf die aufgeschobene Karenz. Um die Karenz aufschieben zu können, bedarf es jedenfalls einer Vereinbarung mit dem/der AG!

Siehe Musterbrief:
„Aufgeschobene Karenz"

**Bekanntgabe der aufgeschobenen Karenz
gem § 15b Abs 3 MSchG/§ 4 Abs 3 VKG**

EINSCHREIBEN oder Übergabebestätigung

....
Vorname Nachname   Ort, Datum

....
....
Adresse

....
....
....
Arbeitgeber/Arbeitgeberin

Betrifft: Aufgeschobene Karenz

Sehr geehrte Damen und Herren,

ich bin bei Ihnen seit .... als ....
beschäftigt. Die Geburt meines Kindes erfolgte am ....

Am .... habe ich eine Karenz bis zum .... gemeldet.

Innerhalb offener Frist teile ich Ihnen mit, dass ich beabsichtige, drei Monate meiner Karenz bis zu einem späteren Zeitpunkt aufzuheben.

Ich ersuche um Kenntnisnahme und verbleibe

mit freundlichen Grüßen

....
Unterschrift

Beispiel 1

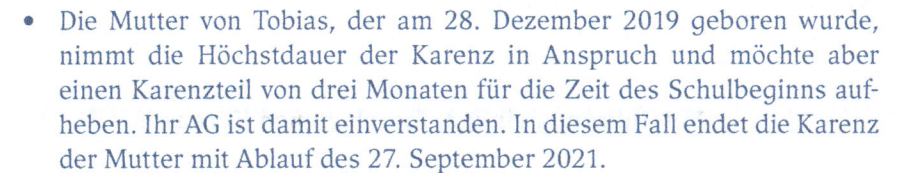

- Die Mutter von Tobias, der am 28. Dezember 2019 geboren wurde, nimmt die Höchstdauer der Karenz in Anspruch und möchte aber einen Karenzteil von drei Monaten für die Zeit des Schulbeginns aufheben. Ihr AG ist damit einverstanden. In diesem Fall endet die Karenz der Mutter mit Ablauf des 27. September 2021.

    Beabsichtigt auch der Vater von Tobias zu einem späteren Zeitpunkt drei Monate seiner Karenz zu beanspruchen, so endet die Karenz der Mutter mit Vollendung des 18. Lebensmonats des Kindes, d.h. mit Ablauf des 27. Juni 2021. Der Vater von Tobias beginnt seine Karenz folglich mit 28. Juni 2021, welche sodann mit Ablauf des 27. September 2021 endet.

Beispiel 2

- Der Vater von Tobias will die Karenz mit dessen Mutter teilen und vereinbart mit seiner AG eine aufgeschobene Karenz in der Dauer von drei Monaten. Da jeder der beiden Elternteile je drei Monate seiner Karenz aufgehoben hat, endet die Karenz in diesem Fall für beide Elternteile mit Ablauf des 27. Juni 2021.

Haben die Eltern einen Monat zeitgleich Karenz in Anspruch genommen („Überlappungsmonat"), so endet die Karenz mit Ablauf des 20. bzw. des 17. Lebensmonats des Kindes.

Beispiel 3

- Durch den „Überlappungsmonat" verkürzt sich die Höchstdauer der Karenz um einen Monat, weshalb die Höchstdauer der Karenz für beide Elternteile von Tobias mit Ablauf des 27. November 2021 endet. Behält sich die Mutter von Tobias drei Monate ihrer Karenz auf, so reicht die Höchstdauer der Karenz in diesem Fall bis einschließlich 27. August 2021. Hebt sich der Vater ebenso drei Monate von seiner Karenz auf, so endet die Karenz für beide Elternteile mit Ablauf des 27. Mai 2021.

Meldefrist bei der aufgeschobenen Karenz

Die Absicht, einen Karenzteil aufheben zu wollen, ist dem/der AG

- innerhalb der Schutzfrist nach der Geburt (für den Vater spätestens acht Wochen nach der Geburt),
- bis spätestens drei Monate vor dem Ende der eigenen Karenz sowie
- bei Teilung der Karenz mit dem anderen Elternteil spätestens drei Monate vor dem Ablauf der Karenz des anderen Elternteils bekannt zu geben.

Siehe Musterbrief:
„Vereinbarung einer aufgeschobenen Karenz"

Vereinbarung einer aufgeschobenen Karenz

zwischen

Arbeitgeber/Arbeitgeberin ....
und
Arbeitnehmer/Arbeitnehmerin ....

wird gemäß § 15b MSchG/§ 4 VKG eine aufgeschobene Karenz nach den Bestimmungen des Mutterschutzgesetzes bzw. des Väterkarenzgesetzes von drei Monaten vereinbart. Die aufgeschobene Karenz ist bis zum Ablauf des siebenten Lebensjahres bzw. bis zu einem späteren Schuleintritt des Kindes zu verbrauchen.

Die Arbeitnehmerin/Der Arbeitnehmer wird den Antrittszeitpunkt spätestens drei Monate vor dem beabsichtigten Antritt bekanntgeben.

....
Datum

....
Unterschrift   Unterschrift
Arbeitgeber/Arbeitgeberin   Arbeitnehmer/Arbeitnehmerin

Hinweis

Die Absichtserklärung eines Elternteils, Karenz aufschieben zu wollen, verpflichtet diesen nicht, die Karenz tatsächlich zu einem späteren Zeitpunkt zu verbrauchen.

Klagemöglichkeiten des/der AG

Hat ein Elternteil fristgerecht seine Absicht, einen Karenzteil zu einem späteren Zeitpunkt in Anspruch zu nehmen, bekannt gegeben, und kommt es innerhalb von zwei Wochen nicht zu einer dbzgl. Vereinbarung mit dem/der AG, so hat der/die AG die Möglichkeit, binnen einer Frist von weiteren zwei Wochen Klage beim zuständigen Arbeits- und Sozialgericht einzubringen. Macht er dies nicht, gilt die Zustimmung zum späteren Verbrauch des Karenzteils als erteilt.

Bringt der/die AG bei Nichteinigung die Klage ein, so hat das Gericht in der Folge eine Interessenabwägung zwischen den betrieblichen Erfordernissen und den Interessen des/der AN durchzuführen und sodann zu entscheiden.

Zeitpunkt der Inanspruchnahme eines aufgeschobenen Karenzteils

Der Zeitpunkt des tatsächlichen Verbrauchs des aufgeschobenen Karenzteils ist mit dem/der AG zu vereinbaren.

Die Absicht, den aufgeschobenen Karenzteil anzutreten, ist dem/der AG spätestens drei Monate vor dem gewünschten Antritt bekannt zu geben.

Siehe Musterbrief:
„Antrittszeitpunkt der aufgeschobenen Karenz"

Bekanntgabe des gewünschten Antrittszeitpunktes der aufgeschobenen Karenz gem § 15b Abs 4 MSchG/§ 4 Abs 4 VKG

EINSCHREIBEN oder Übergabebestätigung

....
Vorname Nachname   Ort, Datum

....
....
Adresse

....
....
Arbeitgeber/Arbeitgeberin

Betrifft: Aufgeschobene Karenz

Sehr geehrte Damen und Herren,

ich bin bei Ihnen seit .... als .... beschäftigt. Die Geburt meines Kindes erfolgte am ....

Am .... habe ich eine Karenz bis zum .... gemeldet.

Innerhalb offener Frist teile ich Ihnen mit, dass ich meine bereits gemeldete aufgeschobene Karenz von drei Monate ab .... antreten möchte.

Ich ersuche um Zustimmung und verbleibe

mit freundlichen Grüßen

....
Unterschrift

Stimmt der/die AG dem beabsichtigten Antritt binnen einer Frist von zwei Wochen ab Bekanntgabe nicht zu, so kann die aufgeschobene Karenz zum gewünschten Zeitpunkt angetreten werden.

Ist der/die AG mit dem Zeitpunkt des Verbrauchs nicht einverstanden, so muss dieser/diese binnen einer Frist von zwei Wochen Klage wegen des beabsichtigten Zeitpunkts des Antritts beim zuständigen Arbeits- und Sozialgericht einbringen. In diesem Fall hat das Gericht bei seiner Entscheidung eine Interessenabwägung zwischen den betrieblichen Erfordernissen und den Interessen des/der AN vorzunehmen und sodann zu entscheiden.

Kündigung im Zusammenhang mit der aufgeschobenen Karenz

Befindet sich ein Elternteil in einer aufgeschobenen Karenz, so hat dieser während des Verbrauches keinen Kündigungsschutz. Macht dieser Elternteil glaubhaft, dass der/die AG die Kündigung nur wegen der Inanspruchnahme der aufgeschobenen Karenz ausgesprochen hat, so kann die Kündigung als sog. „Motivkündigung" angefochten werden.

Hinweis

Ob die Beendigung des Arbeitsverhältnisses durch den/die AG auch eine diskriminierende Beendigung aufgrund des Ehe- oder Familienstandes darstellt, ist im Einzelfall zu prüfen. **Für die Einbringung** von **Anfechtungsklagen** sind **sehr kurze Fristen zu beachten** (14 Tage ab Ausspruch der Kündigung). Eltern sollten sich daher rasch an die Arbeiterkammer oder Gewerkschaft wenden. Sie beraten und unterstützen Eltern im Falle einer Kündigung.

Aufgeschobene Karenz und ein neues Arbeitsverhältnis

Soll die aufgeschobene Karenz im Rahmen eines neuen Arbeitsverhältnisses verbraucht werden, so bedarf es jedenfalls einer Vereinbarung mit dem/der neuen AG. Stimmt dieser/diese nicht zu, so kann die aufgeschobene Karenz nicht einseitig angetreten werden. Eine Klage des/der neuen AG beim Arbeits- und Sozialgericht ist dazu nicht erforderlich.

Zusammengefasst
Was ist bei der aufgeschobenen Karenz alles zu beachten?

- Drei Monate der Karenzdauer können pro Elternteil aufgehoben werden, um sie zu einem späteren Zeitpunkt zu verbrauchen;
- der aufgeschobene Karenzteil ist bis zum Ablauf des siebenten Lebensjahres bzw. bis zu einem allfällig späteren Schuleintritt des Kindes zu verbrauchen;
- die Meldung der Absicht, einen Karenzteil aufzuheben, muss innerhalb der Schutzfrist nach der Geburt des Kindes (für den Vater: spätestens acht Wochen nach der Geburt) bzw. bis spätestens drei Monate vor dem Ende der Karenz erfolgen;
- die Meldung des Antrittszeitpunktes des aufgeschobenen Karenzteils ist dem/der AG spätestens drei Monate vor dem gewünschten Antrittszeitpunkt bekannt zu geben;
- kommt es zu keiner Vereinbarung über die Absicht bzw. über den Antrittszeitpunkt des aufgeschobenen Karenzteils mit dem/der AG und bringt dieser/diese eine Klage ein, so hat das Gericht unter Interessenabwägung zwischen den betrieblichen Erfordernissen und den Interessen des/der AN zu entscheiden;
- der Antritt einer aufgeschobenen Karenz bei einem/einer neuen AG ist nur mit dessen/deren Zustimmung möglich;
- für den aufgeschobenen Karenzteil besteht kein Kündigungsschutz.

Karenz bei Verhinderung des anderen Elternteils (§ 15d MSchG, § 6 VKG)

Ist ein Elternteil, der das Kind selbst betreut, durch ein unvorhersehbares und unabwendbares Ereignis für einen nicht bloß verhältnismäßig kurzen Zeitraum an der Betreuung des Kindes verhindert, so ist dem anderen Elternteil auf sein Verlangen eine sog. „Verhinderungskarenz" zu gewähren.

Sinn und Zweck der Verhinderungskarenz ist es, die Pflege und Versorgung des Kindes auch dann zu gewährleisten, wenn der betreuende Elternteil an der Betreuung verhindert ist.

Voraussetzungen

Der Anspruch auf „Verhinderungskarenz" besteht nur dann, wenn der erste Elternteil während der Verhinderung des anderen Elternteils im gemeinsamen Haushalt mit dem Kind lebt.

Der verhinderte Elternteil muss das Kind vor dem Eintritt des Verhinderungsfalles überwiegend selbst gepflegt und betreut haben. Hiebei ist es unbeachtlich, ob dieser Elternteil als AN in Karenz, arbeitslos, selbstständig oder etwa Student/in ist.

Laut dem Gesetz spricht man von einem unvorhersehbaren und unabwendbaren Ereignis nur in folgenden Fällen:

- Tod;
- Aufenthalt in einer Heil- und Pflegeanstalt;
- Verbüßung einer Freiheitsstrafe sowie bei anderweitiger, auf behördlicher Anordnung beruhender Anhaltung;
- bei schwerer Erkrankung;
- bei Wegfall des gemeinsamen Haushalts des Elternteils (Adoptiv-, Pflegeelternteils) mit dem Kind oder Wegfall der Betreuung des Kindes.

Hinweis
Wird das Kind vor dem Eintritt der Verhinderung von einer dritten Person (etwa den Großeltern) betreut, so besteht bei einer Verhinderung dieser dritten Person kein Anspruch auf Verhinderungskarenz.

Beispiel
- Wenn der das Kind betreuende Vater stirbt oder die Familie verlässt, kann die Mutter, unabhängig von der eigenen, angemeldeten Karenz, sofort eine Karenz antreten. Sie kann die Karenz bis zur gesetzlichen Höchstdauer (Vollendung des zweiten Lebensjahres des Kindes) in Anspruch nehmen.

Achtung
Die Verhinderung muss für einen nicht bloß verhältnismäßig kurzen Zeitraum gegeben sein. Damit ein Anspruch auf Verhinderungskarenz besteht, muss die Verhinderung einen gewissen Zeitraum übersteigen, welcher jedenfalls länger als eine Woche andauert. Ein Anspruch auf Verhinderungskarenz für einzelne Tage ist daher nicht gegeben.

Beginn und Dauer der Verhinderungskarenz

Der Anspruch auf Verhinderungskarenz tritt grundsätzlich mit Eintritt der Verhinderung des anderen Elternteils ein. Es muss ein gewisser zeitlicher Zusammenhang zwischen dem Eintritt der Verhinderung und dem Beginn der Verhinderungskarenz gegeben sein.

Der Anspruch besteht für die Dauer der Verhinderung, längstens jedoch bis zum Ablauf des zweiten Lebensjahres des Kindes.

Achtung

Im Fall einer Karenz eines Adoptiv- oder Pflegeelternteils, sowie bei Inanspruchnahme einer aufgeschobenen Karenz, kann eine Verhinderungskarenz nach der Vollendung des zweiten Lebensjahres des Kindes in Anspruch genommen werden.

Hinweis

Befindet sich der erste Elternteil in Karenz und wird dieser durch ein unvorhersehbares und unabwendbares Ereignis während eines nicht bloß verhältnismäßig kurzen Zeitraumes an der Betreuung des Kindes verhindert, so wird die Karenz dieses Elternteils nicht automatisch mit der Inanspruchnahme der Verhinderungskarenz durch den zweiten Elternteil beendet.

Sobald der Verhinderungsgrund weggefallen ist, hat der betreffende Elternteil die Karenz zu beenden und seinen Dienst wieder anzutreten. Unterlässt dieser trotz Wegfalls des Verhinderungsgrundes den Dienstantritt nach einer Karenz, so könnte er/sie einen Entlassungsgrund setzen.

Im Fall der Weigerung des/der AG, den Elternteil nach dem Wegfall der Verhinderung weiter zu beschäftigen, hat dieser Elternteil einen Anspruch auf Fortzahlung des Entgelts gegenüber seinem/seiner AG.

Meldung der Verhinderungskarenz

Der Elternteil hat den Beginn und die voraussichtliche Dauer der Verhinderung dem/der AG unverzüglich bekannt zu geben. Er muss die Gründe für die Verhinderungskarenz glaubhaft machen.

Hinweis

Als Nachweis für die Notwendigkeit der Inanspruchnahme einer Verhinderungskarenz gelten alle Unterlagen, die mit der Verhinderung des anderen Elternteiles in Zusammenhang stehen, wie etwa ärztliche Befundberichte, Spitalsaufenthaltsbestätigungen, Totenschein u.Ä.

Dauert die Verhinderung länger als die bekanntgegebene Verhinderungskarenz an, so hat der Elternteil, welcher sich in Verhinderungskarenz befindet, seinem/seiner AG unverzüglich die neuerliche voraussichtliche Dauer der Verhinderung zu melden und dies auch nachzuweisen.

Kündigungsschutz bei Verhinderungskarenz:

Jener Elternteil, welcher sich in einer Verhinderungskarenz befindet, hat ab dem Zeitpunkt der Meldung bzw. mit der Inanspruchnahme dieser Verhinderungskarenz einen Kündigungs- und Entlassungsschutz. Dieser besondere Kündigungs- und Entlassungsschutz dauert bis vier Wochen nach dem Ende der Verhinderungskarenz.

Hinweis

Jener Elternteil, der an der Betreuung des Kindes verhindert ist, bleibt grundsätzlich kündigungs- und entlassungsgeschützt, da dessen Karenz durch die Verhinderung bzw. durch die Inanspruchnahme der Verhinderungskarenz durch den anderen Elternteil nicht automatisch beendet wird.

Tabelle: **Übersicht über die Meldefristen für die aufgeschobene Karenz und die Verhinderungskarenz**

Karenz	Elternteil	Meldefristen	Antrittszeitpunkt
aufgeschobene Karenz	Mutter	innerhalb des Beschäftigungsverbotes nach der Geburt	bis zum Ablauf des 7. Lebensjahres bzw. bis zu einem allfällig späteren Schuleintritt
		bis spätestens drei Monate vor dem Ende der bereits gemeldeten Karenz	bis zum Ablauf des 7. Lebensjahres bzw. bis zu einem allfällig späteren Schuleintritt
		spätestens drei Monate vor dem Ablauf der Karenz des Vaters	bis zum Ablauf des 7. Lebensjahres bzw. bis zu einem allfällig späteren Schuleintritt
	Vater	spätestens 8 Wochen nach der Geburt	bis zum Ablauf des 7. Lebensjahres bzw. bis zu einem allfällig späteren Schuleintritt
		bis spätestens drei Monate vor dem Ende der bereits gemeldeten Karenz	bis zum Ablauf des 7. Lebensjahres bzw. bis zu einem allfällig späteren Schuleintritt
		spätestens drei Monate vor dem Ablauf der Karenz der Mutter	bis zum Ablauf des 7. Lebensjahres bzw. bis zu einem allfällig späteren Schuleintritt

Karenz	Elternteil	Meldefristen	Antrittszeitpunkt
Verhinderungskarenz	Mutter	mit Eintritt der Verhinderung des Vaters	mit Eintritt der Verhinderung des Vaters
	Vater	mit Eintritt der Verhinderung der Mutter	mit Eintritt der Verhinderung der Mutter

Zusammengefasst
Was ist bei der Verhinderungskarenz alles zu beachten?

Der Anspruch auf Verhinderungskarenz besteht,

- wenn der Elternteil durch ein unvorhersehbares und unabwendbares Ereignis für einen nicht bloß verhältnismäßig kurzen Zeitraum verhindert ist, das Kind selbst zu betreuen (etwa bei Tod des Elternteils); weiters muss

- der Elternteil, der Verhinderungskarenz in Anspruch nimmt, mit dem Kind im gemeinsamen Haushalt leben;

- auch wenn sich der verhinderte Elternteil vor dem Eintritt der Verhinderung nicht in Karenz befindet;

- der Anspruch besteht für die Dauer der Verhinderung, längstens jedoch bis zum Ablauf des zweiten Lebensjahres des Kindes (Ausnahmen gelten bzgl. Adoptiv- oder Pflegeeltern bzw. bei aufgeschobener Karenz).

Können Adoptiv- oder Pflegeeltern eine Karenz in Anspruch nehmen (§ 15c MSchG/§ 5 VKG)?

Ein Elternteil, der ein Kind an Kindes Statt annimmt (Adoptiveltern) oder dieses in unentgeltliche Pflege (Pflegeeltern) nimmt und mit dem Kind im gemeinsamen Haushalt lebt, hat denselben Anspruch auf Karenz, wie ein leiblicher Elternteil.

Adoption

Die Adoption kommt durch schriftlichen Vertrag und durch gerichtliche Bewilligung zu Stande. Sie wird im Fall der gerichtlichen Bewilligung mit dem Zeitpunkt der vertraglichen Willenseinigung wirksam. Liegt die Bewilligung noch nicht vor, so ist der Adoptionsvertrag noch nicht wirksam.

Unentgeltliche Pflege

Pflegeeltern, die ein Kind in unentgeltliche Pflege nehmen, haben Anspruch auf Karenz. Anders ist es bei Pflegeeltern, die die Pflege eines Kindes im Rahmen eines Arbeitsverhältnisses übernehmen und dafür Entgelt beziehen: Sie haben keinen Anspruch auf Karenz.

> **Hinweis**
> Der Aufwandersatz, den Pflegeeltern für das Pflegekind erhalten, etwa für Nahrung, Bekleidung, Körperpflege, Schulangelegenheiten, Arztkosten usw., zählt allerdings nicht als Entgelt.

Beginn und Dauer der Karenz

Beginn

Die Karenz beginnt mit dem Tag der Adoption, d.h. mit dem Tag, an dem das Kind an die Adoptiveltern übergeben wird bzw. mit dem Tag der Übernahme in unentgeltliche Pflege oder im Anschluss an den Karenzteil des anderen Adoptiv- oder Pflegeelternteils. Wenn der andere Adoptiv- oder Pflegeelternteil keinen Karenzanspruch hat (Selbstständigkeit, arbeitslos etc.), kann die Karenz zu einem späteren Zeitpunkt beginnen.

Dauer

Die Dauer der Karenz hängt vom Alter des Kindes ab. Drei Fälle sind zu unterscheiden:

1. Hat das Kind bei Adoption oder Übernahme in unentgeltliche Pflege den 18. Lebensmonat noch nicht vollendet, so haben die Adoptiv- oder Pflegeeltern Anspruch auf Karenz bis längstens zum Ablauf des zweiten Lebensjahres des Kindes.

2. Hat das Kind bei Adoption oder Übernahme in unentgeltliche Pflege zwar den 18. Lebensmonat, jedoch noch nicht das zweite Lebensjahr vollendet, so haben die Adoptiv- oder Pflegeeltern Anspruch auf sechs Monate Karenz; dies selbst dann, wenn dabei der zweite Geburtstag des Kindes überschritten wird.

3. Erfolgt die Adoption oder Übernahme in unentgeltliche Pflege zwischen dem vollendeten zweiten und dem vollendeten siebenten Lebensjahr des Kindes, so haben die Adoptiv- oder Pflegeeltern Anspruch auf sechs Monate Karenz.

Achtung bei Anspruch auf Karenz für max. sechs Monate:
Bei Teilung der Karenz mit dem anderen Adoptiv- oder Pflegeelternteil hat jeder Adoptiv- oder Pflegeelternteil maximal sechs Monate Karenzanspruch.

Beispiel 1

- Laura wird mit dem Ablauf des 22. Lebensmonats adoptiert. Ein Adoptivelternteil kann bis zum Ablauf des 28. Lebensmonats von Laura Karenz in Anspruch nehmen (sechs Monate).

Beispiel 2

- Wollen beide Adoptiveltern die Karenz teilen, so kann jeder Elternteil maximal sechs Monate Karenz in Anspruch nehmen. Die Karenz des ersten Adoptivelternteils endet mit dem Ablauf des 28. Lebensmonats von Laura. Die Karenz des anderen Adoptivelternteils endet mit dem Ablauf des 34. Lebensmonats von Laura.

Meldung der Karenz

Nimmt der Elternteil unmittelbar ab dem Tag der Adoption – bzw. ab dem Tag, an dem das Kind an die Adoptiveltern übergeben wird – oder der Übernahme in unentgeltliche Pflege Karenz in Anspruch, so hat er seinem/seiner AG die beabsichtigte Karenz unverzüglich bekannt zu geben.

Diese Bekanntgabe hat den Beginn und die Dauer der Karenz zu enthalten.

Wird die Karenz zwischen den Adoptiv- oder Pflegeeltern geteilt, so muss die Karenz des anderen Elternteils direkt im Anschluss an die Karenz des ersten Elternteils beginnen. Einzuhalten sind dabei dieselben Meldefristen wie bei leiblichen Eltern, d.h. spätestens drei Monate vor dem Ablauf der Karenz des anderen Elternteils (siehe dazu „Meldefristen der Karenz").

Hinweis
Wird die Karenz geteilt und befindet sich der erste Adoptivelternteil länger als drei Monate in Karenz, so sollte der zweite Adoptivelternteil den zweiten Teil der Karenz frühestens vier Monate, spätestens jedoch drei Monate vor dem Ablauf der Karenz des anderen Elternteils melden.

Achtung
Bei Teilung der Karenz besteht der Kündigungs- und Entlassungsschutz vier Monate vor Beginn des zweiten Karenzteils, auf keinen Fall jedoch vor dem Tag der Adoption bzw. der Übernahme in unentgeltliche Pflege.

Kündigungs- und Entlassungsschutz der Adoptiv- bzw. Pflegeeltern
Adoptiveltern haben ab dem Tag der Meldung der Adoption bzw. Übernahme in unentgeltliche Pflege an den/die AG einen Kündigungs- und Entlassungsschutz. Er dauert bis vier Wochen nach dem Ende der Karenz bzw. des Karenzteils.

Teilung der Karenz zwischen den Adoptiv- bzw. Pflegeeltern
Die Teilung der Karenz zwischen den Adoptiv- bzw. Pflegeeltern ist möglich. Die Eltern haben entsprechend dem Zeitrahmen Gestaltungsfreiheit. Sie müssen aber jedenfalls die zweimonatige Mindestdauer eines Karenzteils einhalten.

Die gleichzeitige Inanspruchnahme eines gemeinsamen Karenzmonats (sog. „Überlappungsmonat") ist möglich, verkürzt jedoch die Gesamtdauer der Karenz entsprechend (siehe dazu „Karenzteilung").

Aufgeschobene Karenz für Adoptiv- bzw. Pflegeeltern
Adoptiv- bzw. Pflegeeltern, die ein Kind vor Vollendung des zweiten Lebensjahres adoptieren bzw. in unentgeltliche Pflege nehmen, können drei Monate ihrer Karenz bis zum siebenten Lebensjahr bzw. Schuleintritt aufschieben (siehe dazu „aufgeschobene Karenz").

Achtung
Adoptiv- oder Pflegeeltern sind bei Adoption oder Übernahme eines Kindes nach Vollendung des zweiten Lebensjahres von der Möglichkeit, die Karenz aufzuschieben, ausgeschlossen.

Verhinderungskarenz für Adoptiv- bzw. Pflegeeltern

Auch bei der Karenz für Adoptiv- bzw. Pflegeeltern ist eine Verhinderungskarenz möglich (siehe dazu „Verhinderungskarenz").

> **Hinweis**
> Die Adoptivmutter bzw. der Adoptivvater können auch dann Karenz in Anspruch nehmen, wenn es sich um das leibliche Kind seines gleichgeschlechtlichen Partners/ihrer gleichgeschlechtlichen Partnerin handelt. Zudem haben auch gleichgeschlechtliche Pflegeeltern Anspruch auf Karenz.

Tabelle: **Übersicht über die Meldefristen für Adoptiv- und Pflegeeltern**

Karenz	Elternteil	Meldefristen	Antrittszeitpunkt
Karenz	Adoptivmutter	unverzüglich an dem Tag der Adoption bzw. an dem das Kind an die Adoptiveltern übergeben wird	unmittelbar ab dem Tag der Adoption
	Adoptivvater	unverzüglich an dem Tag der Adoption bzw. an dem das Kind an die Adoptiveltern übergeben wird	unmittelbar ab dem Tag der Adoption
	Pflegemutter	unverzüglich an dem Tag, an dem das Kind an die Pflegeeltern in unentgeltliche Pflege übergeben wird	unmittelbar ab dem Tag der Übernahme in unentgeltliche Pflege
	Pflegevater	unverzüglich an dem Tag, an dem das Kind an die Pflegeeltern in unentgeltliche Pflege übergeben wird	unmittelbar ab dem Tag der Übernahme in unentgeltliche Pflege

Zusammengefasst
Was ist bei der Karenz von Adoptiv- bzw. Pflegeeltern alles zu beachten?

- Adoptiv- bzw. Pflegeeltern haben grundsätzlich denselben Anspruch auf Karenz wie leibliche Eltern;

- die Karenz beginnt frühestens mit dem Tag der Adoption, bzw. mit dem Tag, an dem das Kind an die Adoptiveltern übergeben wird bzw. mit dem Tag der Übernahme in unentgeltliche Pflege oder im Anschluss an den Karenzteil des anderen Adoptiv- oder Pflegeelternteils;
- der Karenzanspruch besteht bei einem Kind, das den 18. Lebensmonat noch nicht vollendet hat, bis zur Vollendung des zweiten Lebensjahres des Kindes;
- der Karenzanspruch besteht bei einem Kind, das den 18. Lebensmonat bereits vollendet hat, für die Dauer von sechs Monaten;
- der Karenzanspruch besteht bei einem Kind, welches das zweite, jedoch noch nicht das siebente Lebensjahr vollendet hat, für die Dauer von sechs Monaten;
- die Meldung der beabsichtigten Karenz hat unverzüglich zu erfolgen; diese Meldung muss den Beginn und die Dauer der Karenz enthalten;
- nimmt ein Elternteil Karenz im Anschluss an die Karenz des anderen Elternteils in Anspruch, ist dies spätestens drei Monate vor dem Ende der Karenz des anderen Elternteils beim/bei der AG zu melden;
- der Kündigungs- und Entlassungsschutz beginnt ab dem Tag der Meldung der Adoption bzw. Übernahme in unentgeltliche Pflege an den/die AG; er dauert bis vier Wochen nach dem Ende der Karenz bzw. des Karenzteils.

Über welche Geschehnisse im Betrieb sind Eltern in Karenz zu informieren? (§ 15g MSchG/§ 7a VKG)

Während einer Karenz hat der/die AG Eltern in Karenz über wichtige Betriebsgeschehnisse, welche ihre Interessen berühren, zu informieren. Dazu zählen etwa

- Infos über Weiterbildungsmaßnahmen im Unternehmen,
- geplante betriebliche Umstrukturierungen oder
- die Eröffnung eines Insolvenzverfahrens.

Es gibt aber noch weitere wichtige betriebliche Vorkommnisse, über die Eltern zu informieren sind, etwa

- Neuwahlen zum Betriebsrat,
- die Einführung flexibler Arbeitszeiten,
- die Eröffnung eines Betriebskindergartens,
- Änderungen bei der Sonn- und Feiertags- oder Nachtarbeit,
- die Neufassung des Kollektivvertrages oder einer Betriebsvereinbarung, u.Ä.

Hinweis
Verabsäumt der/die AG Eltern in Karenz über wichtige Geschehnisse im Betrieb zu informieren, dann hat das keine Konsequenzen für den/die AG.

Dürfen Eltern in Karenz einer Beschäftigung nachgehen (§ 15e MSchG/§ 7b VKG)?

Nimmt ein Elternteil Karenz in Anspruch, so ruht in dieser Zeit sein Arbeitsverhältnis mit allen Rechten und Pflichten. Das Arbeitsverhältnis bleibt jedoch weiterhin aufrecht.

Neben der Betreuung des Kindes und um den Kontakt zum Betrieb aufrecht zu erhalten, ist es gesetzlich erlaubt, parallel zum karenzierten Arbeitsverhältnis, unter bestimmten Voraussetzungen eine neue Beschäftigung zu vereinbaren. Dies allerdings nur in einem beschränkten Ausmaß: Möglich ist eine **geringfügige Beschäftigung** während der Karenz sowie eine **Beschäftigung über der Geringfügigkeitsgrenze** im Ausmaß von höchstens **13 Wochen pro Kalenderjahr**.

Geringfügige Beschäftigung während der Karenz

Während der Karenz ist gesetzlich nur eine geringfügige Beschäftigung möglich, bei der die monatliche Geringfügigkeitsgrenze nicht überschritten wird. Diese Grenze wird jährlich erhöht und beträgt für das Jahr 2021 € 475,86 monatlich.

Geringfügige Beschäftigung beim eigenen Arbeitgeber/ bei eigener Arbeitgeberin

Eine geringfügige Beschäftigung stellt ein eigenständiges Beschäftigungsverhältnis dar, das neben dem karenzierten Arbeitsverhältnis besteht. Man muss daher zwischen diesen beiden Arbeitsverhältnissen unterscheiden und beide Arbeitsverträge völlig unabhängig voneinander behandeln.

Es besteht kein Anspruch auf eine geringfügige Beschäftigung während der Karenz; eine solche ist mit dem/der AG zu vereinbaren.

In der Praxis wird das geringfügige Arbeitsverhältnis oft sogleich für die Dauer der Karenz des Hauptarbeitsvertrages befristet, welches zugleich mit dem Karenzende endet. Da es sich um ein eigenes, zweites, selbstständiges Arbeitsverhältnis handelt, besteht auch ein eigener Anspruch auf Urlaub und auf Sonderzahlungen (Urlaubszuschuss und Weihnachtsremuneration).

Geringfügige Beschäftigung bei einem anderen Arbeitgeber/ einer anderen Arbeitgeberin

Eine geringfügige Beschäftigung während einer Elternkarenz ist auch bei einem anderen/einer anderen AG möglich. Eltern müssen grundsätzlich keine Genehmigung des/der karenzierenden AG einholen.

Allerdings muss der karenzierte Elternteil die arbeitsrechtliche Treuepflicht einhalten und auf die Einhaltung von Konkurrenzverboten sowie auf die arbeitsvertraglichen Bestimmungen, etwa das Nebenbeschäftigungsverbot, achten.

Achtung

Ein Verstoß gegen ein Konkurrenzverbot kann zu einer fristlosen Entlassung führen.

Hinweis

Um kein Risiko einzugehen, sollten sich Eltern in Karenz daher die ausdrückliche schriftliche Zustimmung für eine Beschäftigung während der Karenz vom/von der AG geben lassen.

Siehe Musterbrief:
„Zustimmung zu einer geringfügigen Beschäftigung beim anderen Arbeitgeber/bei der anderen Arbeitgeberin während der Karenz"

Zustimmung zu einer geringfügigen Beschäftigung beim anderen Arbeitgeber/bei der anderen Arbeitgeberin während der Karenz

Der Arbeitgeber/Die Arbeitgeberin ....
erklärt sich einverstanden, dass der Arbeitnehmer/die Arbeitnehmerin geboren am ...., wohnhaft in ...., während seiner/ihrer bis .... dauernden Karenz eine geringfügige Beschäftigung bei einem anderen Arbeitgeber/bei einer anderen Arbeitgeberin aufnehmen darf.

Durch diese Tätigkeit wird die Karenz mit allen Rechtsfolgen, insbesondere dem Kündigungs- und Entlassungsschutz, nicht berührt.

....
Datum

....
Unterschrift   Unterschrift
Arbeitgeber/Arbeitgeberin   Arbeitnehmer/Arbeitnehmerin

Vorübergehende Beschäftigung über der Geringfügigkeitsgrenze

... beim eigenen Arbeitgeber/bei der eigenen Arbeitgeberin

Der karenzierte Elternteil hat weiters die Möglichkeit, während der Karenz beim eigenen/bei der eigenen AG eine Beschäftigung für die Dauer von 13 Wochen einzugehen, die beim Stundenausmaß und der Bezahlung über der Geringfügigkeitsgrenze liegt.

Befindet sich der Elternteil nicht für die Dauer eines vollen Kalenderjahres in Karenz, so ist die Beschäftigung von 13 Wochen auf die Karenzmonate in diesem Kalenderjahr anteilig zu kürzen.

Die Berechnungsformel

13 Wochen: 365 Kalendertage × Kalendertage der in Anspruch genommenen Karenztage im betreffenden Kalenderjahr = erlaubte Maximaldauer in Kalenderwochen. Kommastellen sind abzurunden.

Beispiel

- Befindet sich ein Elternteil vom 12. Mai bis einschließlich zum 31. Dezember eines Kalenderjahres in Karenz, so kann dieser bis zu 8 Wochen über der Geringfügigkeitsgrenze beschäftigt sein.

Auch diese Art der Beschäftigung während der Karenz ist zwischen dem/der AG und dem karenzierten Elternteil zu vereinbaren. Es besteht kein Rechtsanspruch auf eine vorübergehende Beschäftigung während der Karenz. Solche Vereinbarungen können im Fall einer Urlaubs- oder Krankenstandsvertretung sowie bei erhöhtem Arbeitsbedarf abgeschlossen werden.

Hinweis

Während einer solchen Beschäftigung bleibt der Kündigungs- und Entlassungsschutz im karenzierten Arbeitsverhältnis (Hauptarbeitsverhältnis) aufrecht. Die Karenz bleibt mit allen Rechten davon unberührt.

... beim anderen Arbeitgeber/bei der anderen Arbeitgeberin

Eine Beschäftigung über der Geringfügigkeitsgrenze kann nur mit Zustimmung des/der eigenen AG, zu dem/der das karenzierte Arbeitsverhältnis besteht, auch zu einem/einer anderen AG ausgeübt werden.

Siehe Musterbrief:
„Vereinbarung über eine mehr als 13 Wochen dauernde Beschäftigung während der Karenz"

Vereinbarung einer Beschäftigung über der Geringfügigkeitsgrenze von nicht mehr als 13 Wochen beim eigenen Arbeitgeber/ bei der eigenen Arbeitgeberin während der Karenz

Es wird vereinbart, dass der Arbeitnehmer/die Arbeitnehmerin .... während seiner/ihrer bis .... dauernden Karenz in der Zeit von .... bis .... mit einem Stundenausmaß von .... Wochenstunden mit einem monatlichen Entgelt von .... in unserem Unternehmen tätig ist.

Durch diese Tätigkeit wird das karenzierte Arbeitsverhältnis mit allen Rechtsfolgen, insbesondere dem Kündigungs- und Entlassungsschutz, nicht berührt. Eine allfällige Verletzung der Arbeitspflicht während dieser Tätigkeit hat keine Auswirkung auf das karenzierte Arbeitsverhältnis.

Die Dauer der Tätigkeit während der Karenz wird auf das Hauptdienstverhältnis in Bezug auf alle dienstzeitabhängigen Ansprüche wie Entgeltfortzahlung, Kündigungsfristen, Urlaub und Abfertigung angerechnet.

Einvernehmlich festgehalten wird, dass die Geschäftsgrundlage dieser Vereinbarung die Einhaltung der Zuverdienstgrenze des Kinderbetreuungsgeldgesetzes ist, woraus insbesondere das Recht des Arbeitnehmers/der Arbeitnehmerin erwächst, nur in einem derartigen Umfang zur Arbeitsleistung verpflichtet zu sein, als das dafür zustehende Entgelt die zitierten Zuverdienstgrenzen (unter Berücksichtigung aller Einkommensbestandteile) nicht überschreitet.

....
Datum

....
Unterschrift   Unterschrift
Arbeitgeber/Arbeitgeberin   Arbeitnehmer/Arbeitnehmerin

Rechtsfolgen bei Überschreitung der 13-Wochen-Grenze oder bei Ausübung der Beschäftigung ohne Zustimmung des eigenen Arbeitgebers/der eigenen Arbeitgeberin

Von einer Überschreitung der 13-Wochen-Grenze bzw. der Aufnahme einer Beschäftigung ohne Zustimmung des/der AG ist dringend abzuraten. Dabei könnte es zum Verlust des Kündigungs- und Entlassungsschutzes kommen. Unter Umständen könnte der/die AG den sofortigen Arbeitsantritt verlangen. Kommt der karenzierte Elternteil dem dann nicht nach, so könnte dies zur Beendigung des Arbeitsverhältnisses führen (z.B. Entlassung).

Achtung Verwechslungsgefahr

Die geringfügige vorübergehende Beschäftigung während der Karenz wird oft irrtümlich mit der Zuverdienstgrenze zum Kinderbetreuungsgeld verwechselt.

Die beiden Zuverdienstgrenzen haben allerdings nichts miteinander zu tun:

- Die Zuverdienstgrenze zum Kinderbetreuungsgeld entscheidet, ob die Voraussetzungen für den Anspruch auf Kinderbetreuungsgeld erfüllt sind.
- Die Geringfügigkeitsgrenze während der Karenz entscheidet, ob das Hauptarbeitsverhältnis weiterhin karenziert ist. Hier geht es hauptsächlich um das karenzierte Arbeitsverhältnis, unabhängig davon, ob Kinderbetreuungsgeld bezogen wird oder nicht.

Zusammengefasst
Was ist bei einer Beschäftigung während einer Karenz alles zu beachten?

- **Geringfügige Beschäftigung während der Karenz:**
  - Eine geringfügige Beschäftigung während der Karenz ist sowohl beim eigenen/bei der eigenen AG als auch bei einem/einer anderen AG möglich.
  - Es besteht kein Rechtsanspruch auf eine solche Beschäftigung. Es muss mit dem/der AG vereinbart werden bzw. bedarf der Zustimmung des/der eigenen AG.
  - Es handelt sich bei dieser Beschäftigung um ein eigenes, zweites, selbstständiges Arbeitsverhältnis.

- **Beschäftigung über der Geringfügigkeitsgrenze während einer Karenz:**
  - Eine Beschäftigung während der Karenz über der Geringfügigkeitsgrenze ist für die Dauer von 13 Wochen möglich, wenn der karenzierte Elternteil sich ein volles Kalenderjahr in Karenz befindet.

- Wird kein volles Kalenderjahr Karenz in Anspruch genommen, so ist die 13-Wochen-Grenze auf die Karenzmonate im betreffenden Kalenderjahr zu aliquotieren.
- Es besteht kein Rechtsanspruch auf eine solche Beschäftigung. Es muss mit dem/der AG vereinbart werden bzw. bedarf der Zustimmung des/der eigenen AG.

Wiedereinstieg nach einer Karenz: Haben Eltern ein Recht auf den bisherigen Arbeitsplatz?

Nach Ende der Karenz ist der Elternteil in derselben Verwendung weiter zu beschäftigen, zu welcher er seinerzeit vertraglich aufgenommen und auch tatsächlich eingesetzt worden war. Kommt es trotzdem zu einer Versetzung, sind drei Ebenen zu prüfen:

1. Ist die Versetzung durch den Arbeitsvertrag überhaupt gedeckt?
2. Wenn es einen Betriebsrat gibt: Wurde dieser in die Versetzung eingebunden?
3. Wurden die Vorschriften des Gleichbehandlungsgesetzes eingehalten?

Versetzung

Im Einvernehmen mit dem/der AG kann jedoch eine andere Tätigkeit oder ein anderer Arbeitsort vereinbart werden. Wird eine andere Tätigkeit oder ein anderer Arbeitsort vom/von der AG angeordnet, liegt eine Versetzung vor. Diese Änderung kann innerhalb der Grenzen des Arbeitsvertrages Deckung finden oder nicht.

Achtung

Ist die Versetzung nicht vertraglich gedeckt, so muss der Elternteil trotzdem vorerst die Arbeit unter Protest und Vorbehalt weiterer rechtlicher Schritte antreten.

Verschlechterung

Ist die Versetzung mit einer Verschlechterung der Entgelt- oder sonstigen Arbeitsbedingungen verbunden, so ist dazu in der Regel die Zustimmung des Betriebsrates erforderlich. Erteilt der Betriebsrat die Zustimmung nicht, so kann diese Verschlechterung gerichtlich bekämpft werden.

Diskriminierung

Erhält der Elternteil aufgrund der Inanspruchnahme der Karenz nicht seine frühere bzw. eine gleichwertige Stelle, so liegt eine Diskriminierung nach dem Gleichbehandlungsgesetz vor. Solche Diskriminierungen sind unzulässig und gerichtlich bekämpfbar.

Tipp

Im Falle einer angeordneten Versetzung sollten sich Eltern an den Betriebsrat, an die Arbeiterkammer oder die Gewerkschaft wenden.

Kann im Anschluss an eine Karenz eine Bildungskarenz in Anspruch genommen werden (§ 11 AVRAG; § 81 (12) iVm § 26 Abs 1 Z 4 AlVG)?

Für Geburten seit dem 1. Jänner 2017 gilt grundsätzlich: Die Vereinbarung einer Bildungskarenz direkt im Anschluss an eine Karenz ist nicht mehr möglich. Eltern müssen nämlich zwischen dem Karenzende und dem Beginn einer Bildungskarenz sechs Monate arbeiten, um die Voraussetzungen für eine Bildungskarenzvereinbarung zu erfüllen.

Achtung

Eine Bildungskarenz ist aber direkt im Anschluss an den Bezug von Kinderbetreuungsgeld unter bestimmten Voraussetzungen möglich.

Tipp

Eltern sollten sich beim zuständigen Arbeitsmarktservice erkundigen, ob in ihrem Fall ein Anspruch auf Weiterbildungsgeld besteht.

Beispiel 1

- Die Mutter von Laura (geboren am 23.November 2019), meldet bei ihrem Arbeitgeber die beabsichtigte Karenz bis zur Vollendung des zweiten Lebensjahres von Laura (einschließlich 22. November 2021), bezieht aber das einkommensabhängige Kinderbetreuungsgeld bis zur Vollendung des ersten Lebensjahres von Laura (21. November 2020). Sie kann im Anschluss an ihre Karenz, ab dem 23. November 2021, keine Bildungskarenz mit ihrem Arbeitgeber vereinbaren, da sie zwischen Karenzende und Beginn der Bildungskarenz nicht sechs Monate gearbeitet hat.

Beispiel 2

- Die Mutter von Laura kann im Anschluss an den Kinderbetreuungsgeldbezug ab dem 22. November 2020 ihre mit dem/der AG vereinbarte Bildungskarenz antreten und das Weiterbildungsgeld vom Arbeitsmarktservice beziehen, wenn sie die sonstigen Voraussetzungen erfüllt!

Welche Auswirkungen hat eine Karenz auf arbeitsrechtliche Ansprüche?

Anrechnung von Karenzzeiten (§ 15f MSchG/§ 7c VKG)

Die Anrechnung der Karenzzeit auf das Arbeitsverhältnis ist für Geburten ab 1. August 2019 eine andere Regelung als für Geburten bis zu diesem Zeitpunkt.

Für **Geburten ab 1. August 2019** gilt: Zeiten der Elternkarenz werden für Ansprüche, die sich nach der Dienstzeit richten, voll berücksichtigt. Diese Vollanrechnung gilt für jedes Kind.

Für Geburten bis 31. Juli 2019 gilt weiterhin die alte Rechtslage: Im Allgemeinen wird die Karenz für Ansprüche, welche sich nach der Dauer der Dienstzeit richten, nicht angerechnet. Es gibt aber Ausnahmen.

So wird die erste Karenz im Arbeitsverhältnis zum Höchstmaß von zehn Monaten angerechnet für

- die Bemessung der Kündigungsfrist;
- die Dauer der Entgeltfortzahlung im Krankheitsfall; und für
- das Urlaubsausmaß.

Für weitere dienstzeitabhängige Ansprüche, wie etwa Gehaltsvorrückung oder „Abfertigung alt", werden Karenzzeiten nach dem Gesetz nicht mitgerechnet.

Achtung

Die gesamten Zeiten des Wochengeldbezuges werden für die dienstzeitabhängigen Ansprüche angerechnet.

Tipp

Kollektivverträge oder Betriebsvereinbarungen können auch günstigere Regelungen enthalten. Gerade in den letzten Jahren wurden hier besondere Fortschritte erzielt, etwa im Kollektivvertrag für die Metallindustrie werden beispielsweise Karenzzeiten für die Vorrückung im Lohnschema angerechnet. Eltern sollten sich über ihre individuellen Rechte beim Betriebsrat, bei der Fachgewerkschaft oder der Arbeiterkammer erkundigen.

Anrechnung der Karenz für die Kündigungsfrist
(gilt für Geburten bis 31. Juli 2019)

Es ist gesetzlich vorgesehen, dass bei der Berechnung der Kündigungsfrist zehn Monate der ersten Karenz zu berücksichtigen sind.

Wenn der/die AG kündigt, so muss er die Kündigungsfrist einhalten. Diese beträgt beispielsweise bei Angestellten vor dem vollendeten zweiten Dienstjahr sechs Wochen; nach dem vollendeten zweiten Dienstjahr ist eine Kündigungsfrist von zwei Monaten einzuhalten usw.

Befand sich der/die AN in Karenz, so sind für die Berechnung dieser Dienstjahre zehn Monate der ersten Karenz anzurechnen.

Beispiel

- Die Mutter von Laura (geboren am 23. April 2019), ist seit 1. Feber 2017 als Angestellte beschäftigt. Anlässlich der Geburt ihrer Tochter nimmt sie Karenz bis zur Vollendung des zweiten Lebensjahres des Kindes (bis einschließlich 22. April 2021) in Anspruch.

  Bis zum Ablauf von vier Wochen nach dem Ende ihrer Karenz besteht für sie der Kündigungsschutz. Nachher spricht ihre Arbeitgeberin die Kündigung unter Einhaltung der Kündigungsfrist aus. Die Kündigungsfrist beträgt zwei Monate, da sie bis zum Ende des Beschäftigungsverbotes von acht Wochen nach der Geburt, zuzüglich der Frist von zehn Monaten ihrer Karenz, das zweite Dienstjahr vollendet hat.

Anrechnung der Karenz für die Dauer der Entgeltfortzahlung im Krankheitsfall (gilt für Geburten bis 31. Juli 2019)

Wie lange der/die AG das Entgelt im Fall eines Krankenstandes zahlen muss, hängt von der Dauer des Arbeitsverhältnisses ab. Je länger der/die AN beschäftigt ist, umso länger hat er/sie Anspruch auf die Fortzahlung des Entgeltes durch den/die AG.

Grundsätzlich hat der/die AN bei Erkrankung gegenüber dem/der AG einen Anspruch auf Entgelt in der vollen Höhe für die ersten sechs Wochen und auf das halbe Entgelt für weitere vier Wochen.

Nimmt der/die AN Karenz in Anspruch, so sind zehn Monate der ersten Karenz bei der Berechnung der Dauer des Arbeitsverhältnisses und folglich der Entgeltfortzahlung im Fall eines Krankenstandes anzurechnen.

Anrechnung der Karenz für das Urlaubsausmaß
(gilt für Geburten bis 31. Juli 2019)

Jede/r AN hat im Arbeitsjahr einen Anspruch auf fünf Wochen Urlaub. Nach dem vollendeten 25. Dienstjahr beim/derselben AG besteht ein Anspruch auf eine weitere Woche. Bei der Berechnung der Dauer von 25 Jahren sind zehn Monate der ersten Karenz anzurechnen.

Beispiel
- Die Arbeitnehmerin ist seit 10. Jänner 1993 bei ihrer Arbeitgeberin beschäftigt. Sie hat sowohl bei der ersten als auch bei ihrer zweiten Tochter Karenz bis zur Vollendung des zweiten Lebensjahres in Anspruch genommen. Da maximal zehn Monate der ersten Karenz angerechnet werden können und die zweite Karenz gänzlich unberücksichtigt bleibt, sind die 25 Dienstjahre am 9. Jänner 2018 noch nicht vollendet.

Achtung
Karenzzeiten für weitere Kinder bei demselben/derselben AG bleiben unberücksichtigt.

Karenzzeit und kollektivvertragliche günstigere Regelungen
(gilt für Geburten bis 31. Juli 2019)

Kommt es während der Karenz zu einer kollektivvertraglichen Erhöhung des Gehaltes bzw. des Lohnes, so ist diese auch dem/der sich in Karenz befindlichen AN zu gewähren. Da während der Karenz kein Anspruch auf Entgelt gegenüber dem/der AG besteht, wird diese kollektivvertragliche Erhöhung erst beim Wiedereinstieg nach der Karenz wirksam.

Karenzzeiten werden allerdings in der Regel bei der Gehaltsvorrückung nicht berücksichtigt, es sei denn, der Kollektivvertrag sieht es vor.

Die Anrechnung von Karenzen in Kollektivverträgen ist eine sehr wichtige Maßnahme. Eine Reihe von Kollektivverträgen sieht die Anrechnung der Karenz für dienstzeitabhängige Ansprüche vor, wobei die Regelungen jedoch äußerst unterschiedlich sind.

Anrechnungsbestimmungen finden sich zB im Kollektivvertrag für Handelsangestellte, für die Metallindustrie, das Baugewerbe und im Kollektivvertrag für Apotheken.

Prämien, Bonuszahlungen und weitere sonstige einmalige Bezüge

Sonstige Bezüge sind Entgeltsteile, die der/die AG zusätzlich zum laufenden Arbeitslohn einmal oder mehrmals pro Jahr zahlt. Es ist unerheblich, ob sonstige Bezüge unregelmäßig gewährt werden oder regelmäßig wiederkehren, ob sie nur einmal jährlich oder mehrmals gezahlt werden, ob ein klagbarer Anspruch darauf besteht oder nicht. Darunter fallen etwa Leistungsprämien, Boni aus Zielvereinbarungen, Treueprämien o.Ä.

Diese allfälligen Ansprüche bleiben im Fall einer Karenz erhalten; sie werden aber für das Jahr, in dem sie anfallen, für jene Zeiträume anteilig gekürzt, während derer Karenz in Anspruch genommen wird.

Hinweis
Günstigere Vereinbarungen im Arbeitsvertrag, in einer Betriebsvereinbarung oder einem Kollektivvertrag bleiben jedoch aufrecht.

Beispiel
- Die Mutter von Jessica (geboren am 7. April 2019), hat in ihrem Arbeitsvertrag eine Regelung über die jährliche Auszahlung einer Leistungsprämie, wenn bestimmte vorgegebene Ziele mit Ende des Geschäftsjahres, hier der 31. Dezember 2019, erreicht werden. Der Anspruch auf die Leistungsprämie wird für das Jahr 2019 bis zum Ende des Beschäftigungsverbots nach der Geburt, folglich bis einschließlich 2. Juni 2019, anteilig gekürzt.

Urlaubs- und Weihnachtsgeld („13. und 14. Gehalt")

Für die Berechnung des Anspruchs auf Sonderzahlungen – Urlaubs- und Weihnachtsgeld – bleiben sowohl die Zeiten einer Karenz wie auch die Zeiten eines Beschäftigungsverbotes außer Betracht.

Obwohl das Beschäftigungsverbot für alle arbeitsrechtlichen Ansprüche anzurechnen ist, werden die Zeiten eines Beschäftigungsverbotes bei der Berechnung der Sonderzahlungen (Urlaubs- und Weihnachtsgeld) als einzige Ausnahme nicht berücksichtigt.

Für die Zeit des Beschäftigungsverbotes besteht ein Anspruch auf Wochengeld. Bei der Berechnung des Wochengeldes durch den Sozialversicherungsträger werden die Sonderzahlungen (Urlaubs- und Weihnachtsgeld) mit einem Aufschlag berücksichtigt.

Die Ansprüche auf Urlaubs- und Weihnachtsgeld gegenüber dem/der AG werden folglich um jenen Zeitraum, in welchen ein Bezug von Wochengeld fällt, verkürzt.

Das „13. und 14. Gehalt" stehen daher grundsätzlich lediglich bis zum Beginn des Beschäftigungsverbotes zu.

Urlaub und Karenz

Der gesetzliche Urlaubsanspruch beträgt 30 Werk- bzw. 25 Arbeitstage im Arbeitsjahr und entsteht in der Regel mit Beginn eines jeden Arbeitsjahres. Wird während dieses Arbeitsjahres Karenz in Anspruch genommen, so verkürzt sich der Urlaubsanspruch um das Ausmaß der beanspruchten Karenz, wenn der Urlaub vor Beginn der Karenz noch nicht vollständig verbraucht wurde.

Tritt die Mutter die Karenz an, so steht ein Anspruch auf Urlaub bis zum Ende des Beschäftigungsverbotes nach der Geburt zu. Der Urlaubsanspruch ist daher dementsprechend zu aliquotieren.

Achtung

Der Urlaub wird nur in jenem Arbeitsjahr gekürzt, in dem die Karenz in Anspruch genommen wird. Urlaubsansprüche aus vorangegangenen Jahren bleiben voll erhalten.

Hinweis

Eine Verkürzung des Urlaubs erfolgt nicht für Zeiten des Beschäftigungsverbotes.

Berechnung des Urlaubsanspruches

Grundsätzlich beginnt das Urlaubsjahr mit dem Beginn des Arbeitsjahres, also mit dem Eintrittsdatum des/der AN ins Unternehmen. Eine Umstellung des Urlaubsjahres auf das Kalenderjahr (1. Jänner) ist durch eine Betriebsvereinbarung bzw. den Arbeitsvertrag möglich. Mit Beginn des Urlaubsjahres entsteht der Urlaubsanspruch in voller Höhe. Daher besteht ein Anspruch auf fünf Wochen Urlaub pro Arbeitsjahr. Bei einer 5-Tages-Woche ergeben sich 25 Arbeitstage, bei einer 6-Tages-Woche sind es 30 Werktage Urlaub.

Der Urlaub wird wie folgt berechnet:

30 Werktage bzw. 25 Arbeitstage : 365 Tage × Anzahl der Tage bis zum Ende des Beschäftigungsverbotes nach der Geburt = Anzahl der zustehenden Urlaubstage.

> **Beispiel**
>
> - Die Mutter von Thomas (geboren am 15. August 2019) ist Angestellte. Ihr Urlaubsjahr beginnt mit 1. März (Eintrittsdatum). Sie hat in diesem Arbeitsjahr noch keine Urlaubstage verbraucht. Das Beschäftigungsverbot endete mit Ablauf des 10. Oktober 2019. Von Beginn des Arbeitsjahres an (1. März 2019) bis zum Ende des Beschäftigungsverbotes sind es insgesamt 224 Kalendertage. Ihr Urlaubsanspruch beträgt somit bis Ende des Beschäftigungsverbotes:
>
> 25 : 365 x 224 = 16 Arbeitstage.

Hinweis

Beginn und Dauer des Urlaubes muss mit dem/der AG vereinbart werden. Der Urlaub darf nicht einseitig angetreten werden. Umgekehrt kann die Arbeitgeberseite den Urlaub aber auch nicht vorschreiben.

Der Urlaub kann vor oder direkt nach dem Beschäftigungsverbot konsumiert werden. Wird der Urlaub im Anschluss an das Beschäftigungsverbot verbraucht, so muss die Zuverdienstgrenze zum Kinderbetreuungsgeld beachtet werden (siehe dazu „Zuverdienstgrenze Kinderbetreuungsgeld").

Achtung

Die Abgeltung von Urlaub in Geld ist bei einem aufrechten Arbeitsverhältnis verboten.

Verjährung des Urlaubs

Der Urlaubsanspruch verjährt grundsätzlich nach Ablauf von zwei Jahren ab dem Ende des Urlaubsjahres, in welchem dieser entstanden ist. Diese Frist verlängert sich bei Inanspruchnahme einer Karenz gemäß den Bestimmungen des Väterkarenzgesetzes (VKG) oder des Mutterschutzgesetzes (MSchG) um den Zeitraum der Karenz.

Die Verjährungsfrist verlängert sich um jenen Zeitraum, welchen die Karenz dauert, sodass bei Inanspruchnahme der Maximaldauer der Karenz (bis zur Vollendung des zweiten Lebensjahres des Kindes) durch einen Elternteil eine Verlängerung der Verjährungsfrist um höchstens 22 Monate eintritt.

Hinweis

Somit kann ein offener Urlaub während einer Karenz nach dem Mutterschutzgesetz oder Väterkarenzgesetz nicht verjähren.

Abfertigung bei Inanspruchnahme einer Karenz

„Abfertigung alt"

Anspruch auf Abfertigung alt haben Arbeitnehmer/innen, deren Arbeitsverhältnis vor dem 1. Jänner 2003 begründet wurde. Bei diesen Arbeitsverhältnissen hängt der Anspruch auf Abfertigung von der Beschäftigungsdauer beim selben Arbeitgeber ab. Ob die bestimmten Arbeitsjahre für den bestimmten Abfertigungsanspruch erreicht sind, richtet sich nach den tatsächlichen Beschäftigungsjahren. Auf die Dauer der Arbeitsjahre für den Abfertigungsanspruch werden somit die Karenzzeiten grundsätzlich nicht angerechnet. Ausnahme: ein Kollektivvertrag oder eine Betriebsvereinbarung sehen eine bessere Regelungen vor.

Hinweis
Die Zeiten eines Beschäftigungsverbotes werden hingegen für die Abfertigung alt voll angerechnet!

Ein Anspruch auf „Abfertigung alt" besteht nur bei bestimmten Beendigungsarten, wie etwa bei Kündigung durch den/die AG.

Wird das Arbeitsverhältnis durch den/die Arbeitnehmer/-in selbst beendet, besteht grundsätzlich kein Anspruch auf Abfertigung!

Hinweis
Die Bestimmungen des Mutterschutz- und Väterkarenzgesetzes sehen in bestimmten Beendigungsfällen bessere Regelungen vor (siehe Beendigung während der Karenz).

„Abfertigung neu"

Für AN, deren Arbeitsverhältnis seit dem 1. Jänner 2003 begonnen hat, gelten die Bestimmungen des Betriebliche Mitarbeiter- und Selbständigenvorsorgegesetzes (BMSVG) und damit die sog. „Abfertigung neu".

Seit 1. Jänner 2008 sind auch freie Dienstnehmer/-innen in die „Abfertigung neu" einbezogen. Erfasst sind alle freien Dienstverhältnisse, welche der Pflichtversicherung nach dem Allgemeinen Sozialversicherungsgesetz (ASVG) unterliegen und die länger als einen Monat dauern.

Die Finanzierung der „Abfertigung neu" wird durch ein beitragsorientiertes System gesichert. Der/Die AG leistet einen Beitrag in der Höhe von 1,53 % des monatlichen Entgeltes sowie allfälliger Sonderzahlungen. Dieser Betrag wird durch den jeweils zuständigen Krankenversicherungsträger eingehoben und an eine vom/von der AG ausgewählte Betriebliche Vorsorgekasse (BV-Kasse) weitergeleitet. Im Gegensatz zu dem in der „Abfertigung alt" vorgesehenen Ansteigen „in Sprüngen" wächst der Anspruch aus der „Abfertigung neu" kontinuierlich an.

Die Beitragspflicht für den/die AG beginnt mit dem Beginn des Arbeitsverhältnisses, wobei der erste Monat beitragsfrei ist.

> **Hinweis**
> Bestimmte im BMSVG ausdrücklich angeführte Zeiten in einem aufrechten Arbeitsverhältnis, für welche kein oder ein reduziertes Entgelt gebühren (etwa Präsenz-, Ausbildungs- oder Zivildienst, Zeiten mit Anspruch auf Wochen- oder Krankengeld, Bezug von Kinderbetreuungsgeld), werden über Beitragsleistungen des/der AG bzw. des Familienlastenausgleichsfonds an die BV-Kasse finanziert.

Der Anspruch des/der AN richtet sich gegen die BV-Kasse.

Das angesparte Kapital bleibt bei allen Arten der Beendigung eines Arbeitsverhältnisses erhalten, unabhängig von der Dauer des Arbeitsverhältnisses. Ein Verlust des Abfertigungsanspruchs, wie bei der „Abfertigung alt" (etwa für den Fall der Selbstkündigung), tritt somit keinesfalls mehr ein.

Ein Anspruch auf Verfügung über die „Abfertigung neu" besteht bei Vorliegen von drei Einzahlungsjahren seit Beginn der erstmaligen Beitragszahlung oder der letzten Verfügung (Beitragszeiten bei verschiedenen AG sind zusammenzurechnen) und bei:

- Kündigung durch den/die AG;
- ungerechtfertigter oder unverschuldeter Entlassung;
- berechtigtem vorzeitigen Austritt des/der AN (dazu zählt auch der Mutterschafts- oder Vaterschaftsaustritt);
- einvernehmlicher Auflösung;
- Tod des/der AN (in diesem Fall haben der/die Ehegatte/Ehegattin bzw. der/die eingetragene Partner/-in und die Kinder, für die Familienbeihilfe bezogen wird, in jedem Fall Anspruch auf Auszahlung der Abfertigung – sog. „Todfallsabfertigung");
- Beendigung durch Zeitablauf.

Der/Die AN hat – wenn ein Anspruch auf Verfügung über die Abfertigung besteht – folgende Verfügungsmöglichkeiten:

- Auszahlung der Abfertigung;
- Weiterveranlagung der Abfertigung in der bisherigen BV-Kasse;
- Übertragung der Abfertigung in die BV-Kasse eines/einer neuen AG;
- Überweisung der Abfertigung in eine Altersversorgungseinrichtung (z.B. Pensionskasse).

Der/Die AN hat die gewünschte Verfügung der BV-Kasse schriftlich binnen sechs Monaten nach Beendigung des Arbeitsverhältnisses bekannt zu geben. Die BV-Kasse hat der getroffenen Verfügung binnen fünf Werktagen nach dem Ende des zweiten Kalendermonats nach der Geltendmachung zu entsprechen.

Beispiel

- Das Arbeitsverhältnis endet am 18. März 2019. In diesem Fall musste der Arbeitnehmer der BV-Kasse die gewünschte Verfügung spätestens am 18. September 2019 schriftlich mitteilen. Wenn der Arbeitnehmer am 15. Mai 2019 die Verfügung geltend machte, so musste die BV-Kasse entsprechend der Verfügung des Arbeitnehmers am 6. August 2019 die Abfertigung leisten, da der 5. August ein Sonntag ist.

Zusammengefasst
Was ist zu beachten?

- Für Geburten ab 1. August 2019 gilt: Zeiten der Elternkarenz werden für Ansprüche, die sich nach der Dienstzeit richten, voll berücksichtigt. Diese Vollanrechnung gilt für jedes Kind;

- für Geburten bis 31. Juli 2019 gilt weiterhin die alte Rechtslage: Im Allgemeinen wird die Karenz für Ansprüche, welche sich nach der Dauer der Dienstzeit richten, nicht angerechnet. Es gibt aber Ausnahmen. Kollektivverträge oder Betriebsvereinbarungen können günstigere Regelungen enthalten;

- sonstige einmalige Bezüge, welche der/die AG zusätzlich zum laufenden Lohn zahlt, wie etwa Prämien oder Boni, dürfen nur um die Zeit der Karenz, nicht jedoch um die Zeit des Beschäftigungsverbotes verkürzt werden;

- Urlaubs- und Weihnachtsgeld stehen lediglich bis zum Eintritt des Beschäftigungsverbotes zu.

Kann das Arbeitsverhältnis während einer Karenz beendet werden?

Die Grundregel lautet: Während einer Elternkarenz nach dem Mutterschutzgesetz bzw. Väterkarenzgesetz haben Eltern einen Kündigungs- und Entlassungsschutz. D.h., eine Kündigung oder Entlassung kann vom/von der AG in der Regelung nur mit Zustimmung des Arbeits- und Sozialgerichtes ausgesprochen werden.

Der Schutz beginnt mit der Meldung der Karenz.

Wird die Karenz nicht direkt im Anschluss an das Beschäftigungsverbot nach der Geburt angetreten, so beginnt der Kündigungs- und Entlassungsschutz für beide Elternteile frühestens vier Monate vor dem gewünschten Antritt. Für den Vater: allerdings nicht vor der Geburt des Kindes.

Der Kündigungs- und Entlassungsschutz endet vier Wochen nach dem Ende der Karenz, spätestens jedoch 4 Wochen nach der Vollendung des zweiten Lebensjahres des Kindes.

Kündigung durch den Arbeitgeber oder die Arbeitgeberin (§ 10 MSchG/§ 7 VKG)

Zustimmung des Arbeits- und Sozialgerichtes

Die Zustimmung des Arbeits- und Sozialgerichts zur Kündigung ist im ersten Lebensjahr des Kindes nur zu erteilen,

- bei Einschränkung oder Stilllegung des Betriebes oder einzelner Betriebsabteilungen, wenn das Arbeitsverhältnis nicht weiterhin ohne Schaden für den Betrieb aufrechterhalten werden kann;

Hinweis
Wurde der Betrieb bereits stillgelegt, ist die Zustimmung des Gerichts zur Kündigung nicht mehr erforderlich.

- wenn der/die karenzierte AN das Einverständnis zur Kündigung erklärt, nachdem er/sie in der Tagsatzung zur mündlichen Streitverhandlung über den Kündigungsschutz durch den vorsitzenden Richter bzw. die vorsitzende Richterin informiert wurde.

Ab dem zweiten Lebensjahr des Kindes ist die Zustimmung des Gerichts zu erteilen,

- wenn der/die AG nachweisen kann, dass die Kündigung durch Umstände, die in der Person des/der AN gelegen sind und die betrieblichen Interessen nachteilig berühren, oder durch betriebliche Erfordernisse, die einer Weiterbeschäftigung des/der AN entgegenstehen, begründet und die Aufrechterhaltung des Arbeitsverhältnisses dem/der AG dadurch unzumutbar ist.

Hinweis

Eine während der Karenz ausgesprochene Kündigung ohne vorherige Zustimmung des Arbeits- und Sozialgerichts ist rechtsunwirksam.

**Rechtsunwirksame Kündigung/Entlassung:
Mütter und Väter haben ein Wahlrecht**

Mütter und Väter haben bei Ausspruch einer rechtsunwirksamen Kündigung durch den/die AG ein Wahlrecht: Sie können

- die Unwirksamkeit der ausgesprochenen Kündigung geltend machen oder
- diese gegen sich gelten lassen.

Lässt der/die AN die Kündigung gegen sich gelten, so besteht neben den Beendigungsansprüchen ein Anspruch auf eine Kündigungsentschädigung: Das ist das gebührende Entgelt bis vier Wochen nach dem Ende der Karenz zuzüglich der Zeit der einzuhaltenden Kündigungsfrist (der/die AG hätte frühestens vier Wochen nach Ende der Karenz eine Kündigung unter Einhaltung der gesetzlichen bzw. (kollektiv)vertraglichen Kündigungsfrist aussprechen dürfen).

Einvernehmliche Auflösung

Eine einvernehmliche Auflösung des Arbeitsverhältnisses ist während der Karenz jederzeit möglich, vorausgesetzt, dass der/die AN und der/die AG dies wollen.

Achtung

Während des Kündigungs- und Entlassungsschutzes ist eine einvernehmliche Auflösung des Arbeitsverhältnisses nur dann rechtswirksam, wenn sie schriftlich durchgeführt wurde.

Minderjährige AN benötigen eine Bescheinigung, aus deren Inhalt hervorgeht, dass sie über den Kündigungsschutz aufgeklärt wurden.

Anspruch auf Abfertigung

- „Abfertigung alt": Wird das Arbeitsverhältnis während der Karenz einvernehmlich gelöst, besteht ein Anspruch auf die volle Abfertigung. Kollektivvertragliche Bestimmungen müssen beachtet werden.

- „Abfertigung neu": Ein Anspruch auf Verfügung über die „Abfertigung neu" besteht bei Vorliegen von drei Einzahlungsjahren seit Beginn der erstmaligen Beitragszahlung.

Kündigung durch den Arbeitnehmer oder die Arbeitnehmerin

Der/Die AN hat auch die Möglichkeit, während der Karenz selbst das Arbeitsverhältnis zu kündigen. In diesem Fall muss die gesetzliche bzw. (kollektiv)vertragliche Kündigungsfrist eingehalten werden.

Bei Selbstkündigung geht der Anspruch auf „Abfertigung alt" verloren. Kommen die Regelungen der „Abfertigung neu" zur Anwendung, so bleibt das angesparte Kapital erhalten, jedoch besteht kein Auszahlungsanspruch gegenüber der BV-Kasse.

Austritt aus Anlass der Mutterschaft/Vaterschaft (§ 23a Abs 3 AngG/§ 15r MSchG/§ 9a VKG)

Eltern können ihr Arbeitsverhältnis anlässlich der Geburt des Kindes auch durch einen vorzeitig berechtigten Austritt aus Anlass der Mutterschaft/Vaterschaft beenden. Der Unterschied zur Selbstkündigung:

- Das Arbeitsverhältnis endet mit sofortiger Wirkung.
- Es sind keine Kündigungsfristen und -termine zu beachten.
- Es gibt eine besondere Regelung für den Anspruch auf Abfertigung.

Auflösungsform

Der Austritt aus dem Arbeitsverhältnis kann frühestens innerhalb von acht Wochen nach der Geburt erklärt werden und ist spätestens drei Monate vor dem Ende der Karenz (im Falle der Inanspruchnahme einer Karenz von weniger als drei Monaten spätestens zwei Monate vor dem Ende der Karenz) vorzunehmen. Der Austritt sollte am besten schriftlich und eingeschrieben durchgeführt werden.

Beim Mutterschafts- bzw. Vaterschaftsaustritt handelt es sich um eine einseitige, empfangsbedürftige Willenserklärung der Mutter bzw. des Vaters, welche ab dem Zeitpunkt des Zuganges an den/die AG ihre Wirkung auslöst; zu diesem Zeitpunkt wird das Arbeitsverhältnis auch beendet.

Beispiel 1

- Die Mutter von Laura (geboren am 23. April 2019) ist seit 1. März 2015 als Angestellte beschäftigt. Anlässlich der Geburt ihrer Tochter nimmt sie Karenz bis zur Vollendung des ersten Lebensjahres des Kindes (bis einschließlich 22. April 2020) in Anspruch. Will sie aus ihrem Arbeitsverhältnis austreten, muss der Mutterschaftsaustritt spätestens am 21. Jänner 2020 bei ihrer Arbeitgeberin einlangen.

Beispiel 2

- Der Vater von Tobias (geboren am 23. Februar 2019) ist seit 1. April 2000 als Angestellter beschäftigt. Anlässlich der Geburt seines Sohnes nimmt er im Anschluss an die Karenz der Mutter von 1. Juli 2020 bis 31. August 2020 Karenz in Anspruch. Damit die Frist gewahrt bleibt, muss der Vaterschaftsaustritt mit 30. Juni 2020 zum 1. Juli 2020 erklärt werden bzw. beim Arbeitgeber einlangen.

Anspruch auf Abfertigung

„Abfertigung alt"

Unterliegt das Arbeitsverhältnis der Mutter/des Vaters noch dem System der „Abfertigung alt" (siehe Kapitel Abfertigung), so gebührt der Mutter bzw. dem Vater, sofern ihr/sein Arbeitsverhältnis ununterbrochen fünf Jahre gedauert hat, die Hälfte der gesetzlichen Abfertigung (höchstens jedoch das 3-fache des monatlichen Entgeltes), wenn

- die Mutter nach der Geburt des Kindes innerhalb der Schutzfrist ihren Austritt aus Anlass der Mutterschaft bzw.
- wenn der Vater, sofern er eine Karenz nach dem Väterkarenzgesetz in Anspruch nimmt, spätestens drei Monate vor dem Ende der Karenz seinen vorzeitigen Austritt aus dem Arbeitsverhältnis erklärt.

Bei der Berechnung der „Abfertigung alt" wird als Basis die Höhe des Entgeltes für den letzten Arbeitsmonat vor Antritt der Karenz herangezogen.

Achtung

Die Zeit der Karenz ist in die erforderliche Mindestdienstzeit von fünf Jahren nicht einzurechnen.

Hinweis

Einige Kollektivverträge enthalten im Zusammenhang mit einem „Mutterschafts-/ Vaterschaftsaustritt" für die AN günstigere Abfertigungsbestimmungen als das Gesetz.

„Abfertigung neu"

Unterliegt das Arbeitsverhältnis der Mutter bzw. des Vaters dem System der „Abfertigung neu", so kann die Mutter bzw. der Vater ebenfalls innerhalb der Schutzfrist bzw. spätestens drei Monate vor dem Ende der Karenz berechtigt den Austritt aus dem Arbeitsverhältnis aus Anlass der Mutterschaft/Vaterschaft erklären.

Sofern drei Einzahlungsjahre vorliegen, kann die Mutter bzw. der Vater die Auszahlung der erworbenen Abfertigung durch die Betriebliche Vorsorgekasse in voller Höhe (d.h. die eingezahlten Beiträge samt Verzinsung) verlangen.

Achtung

Liegen zum Zeitpunkt des Mutterschafts- bzw. Vaterschaftsaustritts noch keine drei Einzahlungsjahre vor, so gehen die Ansprüche nicht verloren. Es unterbleibt lediglich die Auszahlung der Abfertigung durch die Betriebliche Vorsorgekasse.

Befristung

Ist das Arbeitsverhältnis befristet, so endet es während der Karenz durch Zeitablauf, wenn das Ende der vereinbarten Befristung innerhalb des Zeitraumes der Karenz liegt.

Achtung

Wird das befristete Arbeitsverhältnis wegen der Inanspruchnahme einer Karenz nicht in ein unbefristetes umgewandelt, kann eine Diskriminierung nach dem Gleichbehandlungsgesetz vorliegen. Für die Bekämpfung einer diskriminierenden Beendigung sind kurze Fristen zu beachten. Eltern sollten sich daher rasch an die Arbeiterkammer oder Fachgewerkschaft wenden.

Zusammengefasst
Was ist bei der Beendigung des Arbeitsverhältnisses während einer Karenz alles zu beachten?

- Bei Inanspruchnahme einer Karenz nach dem Mutterschutz- bzw. Väterkarenzgesetz besteht ein Kündigungs- und Entlassungsschutz bis zum Ablauf von vier Wochen nach dem Ende der Karenz.

- Eine Kündigung kann nur dann rechtswirksam ausgesprochen werden, wenn vorher die Zustimmung des Gerichts eingeholt wurde. Nach Stilllegung des Betriebes ist eine Zustimmung des Gerichtes zur Kündigung nicht mehr erforderlich.

- Eine einvernehmliche Auflösung während der Karenz muss schriftlich vereinbart werden. Es besteht grundsätzlich ein Anspruch auf Abfertigung in der vollen Höhe.

- Bei Kündigung durch den/die AN muss die gesetzliche bzw. (kollektiv)-vertragliche Kündigungsfrist eingehalten werden. Es besteht in diesem Fall kein Anspruch auf Abfertigung „alt" bzw. kein Auszahlungsanspruch auf Abfertigung „neu".

- Ein Anspruch auf „Abfertigung alt" besteht beim Elternaustritt, wenn der Austritt spätestens drei Monate vor dem Ablauf der Karenz erklärt wird und das Arbeitsverhältnis mindestens fünf Jahre gedauert hat. Die Abfertigung beträgt die Hälfte der gesetzlichen Abfertigung (höchstens jedoch das 3-fache des monatlichen Entgeltes).

- Ein Auszahlungsanspruch auf Abfertigung „neu" besteht bei Elternaustritt, sofern drei Einzahlungsjahre vorliegen.

- Ist das Arbeitsverhältnis befristet, so endet es während der Karenz durch Zeitablauf, wenn das Ende der vereinbarten Befristung innerhalb der Karenz liegt.

Elternteilzeit

Änderung der Lage der Arbeitszeit

Ein Überblick: Welche Rechte haben Eltern am Arbeitsplatz?

- Was ist der Unterschied zwischen Rechtsanspruch auf Elternteilzeit und vereinbarter Elternteilzeit?

- Wer hat einen Rechtsanspruch auf Elternteilzeit (§§ 15h,15j MSchG/§§ 8, 8b VKG)?

- Was ist das Recht auf Änderung der Lage der Arbeitszeit, also das Recht, die Arbeitszeit zu verschieben (§ 15p MSchG/§ 8h VKG)?

- Ab wann und wie lange können Eltern in Elternteilzeit gehen oder die Lage der Arbeitszeit verschieben?

- Wie und wann soll die Elternteilzeit oder eine Verschiebung der Lage der Arbeitszeit gemeldet werden? Was ist zu beachten (§ 15j MSchG/§ 8b VKG)? Partnerschaftliche Teilung: Welche Rechte können Eltern gleichzeitig nutzen?

- Wie lange dauert der Kündigungs- und Entlassungsschutz beim Rechtsanspruch (§ 15n MSchG/§ 8f VKG)?

- Wie kann der Anspruch auf Elternteilzeit oder die Änderung der Lage der Arbeitszeit durchgesetzt werden?

- Was passiert, wenn der Arbeitgeber oder die Arbeitgeberin mit der Elternteilzeit/Änderung der Lage der Arbeitszeit nicht einverstanden ist (§ 15k MSchG/§ 8c VKG)?

- Kann die Elternteilzeit/Änderung der Lage der Arbeitszeit einseitig verändert, verkürzt oder verlängert werden (§ 15j Abs 5 MSchG/§ 8b Abs 5 VKG)?

Wenn es keinen Rechtsanspruch gibt: vereinbarte Elternteilzeit und vereinbarte Änderung der Lage der Arbeitszeit (§15i MSchG/§ 8a VKG)

- Welche Möglichkeiten haben Eltern, die in Kleinbetrieben tätig oder erst kurz im Unternehmen beschäftigt sind?

- Wie kann die vereinbarte Elternteilzeit oder vereinbarte Änderung der Lage der Arbeitszeit durchgesetzt werden (§ 15l MSchG/§ 8d VKG)?

- Wie ist der Kündigungs- und Entlassungsschutz bei der vereinbarten Elternteilzeit/Änderung der Lage der Arbeitszeit geregelt (§ 15n MSchG/ § 8f VKG)?

- Kann die (vereinbarte) Elternteilzeit/Änderung der Lage der Arbeitszeit nach einer weiteren Geburt fortgesetzt werden (§ 15j Abs 9 MSchG/§ 8b Abs 9 VKG)?

- Kann das Arbeitsverhältnis während einer (vereinbarten) Elternteilzeit/Änderung der Lage der Arbeitszeit aufgelöst werden (§ 23a Abs 4a und 5 AngG/§ 14 Abs 2 Z 1 BMSVG)?

Ein Überblick:
Welche Rechte haben Eltern am Arbeitsplatz?

Nach dem Mutterschutz- und Väter-Karenzgesetz haben Mütter und Väter die Möglichkeit, **ihre Arbeitszeit für eine gewisse Zeit zu reduzieren (Elternteilzeit)** sowie **die Lage der Arbeitszeit zu verschieben (Änderung der Lage der Arbeitszeit)**. Dabei sieht das Gesetz unterschiedliche Formen der Elternteilzeit sowie der Änderung der Lage der Arbeitszeit vor.

1. **Rechtsanspruch (§ 15h MSchG/§ 8 VKG)**
   - Rechtsanspruch auf Elternteilzeit
   - Rechtsanspruch auf Änderung der Lage der Arbeitszeit oder

2. **Vereinbarung (§ 15i MSchG/§ 8a VKG)**
   - Vereinbarte Elternteilzeit
   - Vereinbarte Änderung der Lage der Arbeitszeit

Einen **Rechtsanspruch auf Elternteilzeit** bzw. **Änderung der Lage der Arbeitszeit** haben AN unter anderem dann, wenn sie bereits **drei Jahre beim/bei der selben AG tätig sind** und der **Betrieb mehr als 20 ArbeitnehmerInnen** beschäftigt (siehe weitere Voraussetzungen unter „Wer hat einen Anspruch auf Elternteilzeit?"). Sind Eltern **in einem kleineren Betrieb** als 21 Beschäftigte tätig oder hat das Arbeitsverhältnis noch keine drei Jahre gedauert, dann kann eine **Elternteilzeit bzw. Änderung der Lage der Arbeitszeit** mit dem/der AG **vereinbart** werden (siehe „Welche Möglichkeiten haben Eltern, die in Kleinbetrieben tätig oder erst kurz im Unternehmen beschäftigt sind?")

Hinweis
(Vereinbarte) Elternteilzeit/Änderung der Lage der Arbeitszeit können auch Pflegeeltern und Adoptiveltern sowie gleichgeschlechtliche Paare für ihre Kinder nutzen.

Was ist der Unterschied zwischen Rechtsanspruch auf Elternteilzeit und vereinbarter Elternteilzeit?

Die **Dauer des Anspruchs** und die **Rechtsdurchsetzung** sind die wesentlichen Unterschiede:

- Beim **Rechtsanspruch auf Elternteilzeit und Änderung der Lage der Arbeitszeit** können Eltern **bis maximal zum Ablauf des siebten Lebensjahres des Kindes** oder **einem späteren Schuleintritt** in Elternteilzeit gehen oder nur die Lage der Arbeitszeit verschieben. Ist der/die AG mit der von der/vom AN gewünschten Elternteilzeit oder Änderung der Lage nicht einverstanden, dann kann er/sie dagegen vorgehen und eine **Klage auf Einwilligung** der/des AN in die von ihm vorgeschlagenen Arbeitszeiten beim Arbeits- und Sozialgericht (ASG) einbringen. Er/Sie hat allerdings keine Möglichkeit, die Elternteilzeit oder Änderung der Lage der Arbeitszeit generell abzulehnen. Bei Gericht findet dann eine **Interessensabwägung** statt: Die Interessen des/der AN und die Interessen des/der AG sind zu berücksichtigen. Am Ende entscheidet das Gericht zwischen dem ursprünglichen schriftlichen Vorschlag der Mutter bzw. des Vaters und dem Gegenvorschlag des/der AG (siehe Kapitel „Wie kann der Anspruch auf Elternteilzeit oder die Änderung der Lage der Arbeitszeit durchgesetzt werden? Was passiert, wenn der Arbeitgeber oder die Arbeitgeberin mit der Elternteilzeit/Änderung der Lage der Arbeitszeit nicht einverstanden ist?").

- Anders ist die **vereinbarten Elternteilzeit oder vereinbarten Änderung der Lage der Arbeitszeit** geregelt: Sie kann **längstens bis zum Ablauf des vierten Lebensjahres des Kindes dauern.** Kommt in diesem Fall keine Einigung mit dem/der AG zustande, dann wird die **„Klagslast"** dem Elternteil auferlegt. Die Mutter bzw. der Vater muss den/die AG **auf Einwilligung** in die Elternteilzeit bzw. Änderung der Lage der Arbeitszeit beim zuständigen ASG **klagen**, wenn er/sie die Elternteilzeit durchsetzen möchte. Im Unterschied zum Rechtsanspruch kann das Gericht hier unter Umständen auch zum Ergebnis kommen, dass der/die AN keine Elternteilzeit oder Änderung der Lage der Arbeitszeit in Anspruch nehmen kann (siehe Kapitel „Wie kann der Anspruch auf Elternteilzeit oder die Änderung der Lage der Arbeitszeit durchgesetzt werden? Was passiert, wenn der Arbeitgeber oder die Arbeitgeberin mit der Elternteilzeit/Änderung der Lage der Arbeitszeit nicht einverstanden ist?").

Hinweis
Für Rechtsanspruch und Vereinbarung gilt: Nach Ende einer (vereinbarten) Elternteilzeit oder (vereinbarten) Änderung der Lage der Arbeitszeit wird jedenfalls die Arbeitszeit vor Antritt wieder wirksam.

Achtung
Während eines laufenden Durchsetzungsverfahrens kann die Mutter bzw. der Vater die gewünschte Elternteilzeit oder Änderung der Lage der Arbeitszeit (noch) nicht antreten. Sofern sie/er sich noch in einer Elternkarenz befindet, spielt dieser Umstand keine Rolle. Steht allerdings der Wiedereinstieg knapp bevor, kann das z.B. aufgrund nicht ausreichender Möglichkeiten einer Kinderbetreuung problematisch sein (siehe Kapitel „Wie kann der Anspruch auf Elternteilzeit oder die Änderung der Lage der Arbeitszeit durchgesetzt werden? Was passiert, wenn der Arbeitgeber oder die Arbeitgeberin mit der Elternteilzeit/Änderung der Lage der Arbeitszeit nicht einverstanden ist?")

Wer hat einen Rechtsanspruch auf Elternteilzeit (§§ 15h,15j MSchG/§§ 8, 8b VKG)?

Mütter und Väter haben einen Anspruch auf Elternteilzeit bis zum Ablauf des siebten Lebensjahres des Kindes oder späteren Schuleintritt, wenn sie zum Zeitpunkt des Antritts der Elternteilzeit

- **in einem Betrieb mit mehr als 20 AN** beschäftigt sind und

- das **Arbeitsverhältnis ununterbrochen drei Jahre** inkl. Beschäftigungsverbot, Zeiten der Elternkarenz oder längerer Krankenstände gedauert hat. Nicht eindeutig klar ist, ob **Zeiten einer Bildungskarenz** auf die Dauer anzurechnen sind. Dafür spricht, dass es grundsätzlich nicht auf die tatsächliche Beschäftigung, sondern lediglich auf den Bestand des Arbeitsverhältnisses ankommt,

- mit dem Kind im **gemeinsamen Haushalt leben** oder **Obsorge** gegeben ist und

- sich der andere Elternteil **nicht gerade mit demselben Kind in Karenz** befindet. Ist ein Elternteil hingegen für ein jüngeres Kind in Karenz, dann kann der andere Elternteil für das ältere Kind sehr wohl Elternteilzeit in Anspruch nehmen.

- **Für Geburten seit 1. Jänner 2016** muss zudem bei der Elternteilzeit die individuelle wöchentliche Normalarbeitszeit um mindestens 20 % reduziert und eine Mindestarbeitszeit von zwölf Stunden pro Woche darf nicht unterschritten werden (sogenannte **Bandbreite bei der Elternteilzeit**). Für Geburten vor dem 1. Jänner 2016 müssen Eltern keine Mindest- oder Höchstgrenze für das Ausmaß bei der Elternteilzeit einhalten.

Tipp zur partnerschaftlichen Teilung

Derjenige Elternteil, der Elternteilzeit in Anspruch nehmen möchte, muss sämtliche oben angeführten Voraussetzungen erfüllen. Erfüllen beide Elternteile die Voraussetzungen, dann können sie auch gleichzeitig für dasselbe Kind in Elternteilzeit gehen (siehe Kapitel „Partnerschaftliche Teilung: Welche Rechte können Eltern gleichzeitig nutzen?").

Wann müssen die Voraussetzungen für den Rechtsanspruch vorliegen?

Sie müssen zum Zeitpunkt des Antritts der Elternteilzeit vorliegen. Somit muss etwa der/die AG zum Antrittszeitpunkt die ausreichende Anzahl an AN beschäftigen und der Elternteil, der Elternteilzeit in Anspruch nehmen möchte, muss drei Jahre durchgehend zu diesem Zeitpunkt beschäftigt sein. Unerheblich ist, was zum Zeitpunkt der Bekanntgabe der beabsichtigten Inanspruchnahme von Elternteilzeit war. So spielt es beispielsweise auch keine Rolle, wenn der andere Elternteil bei Bekanntgabe einer Elternteilzeit noch in Karenz ist.

Bandbreite bei der Elternteilzeit für Geburten seit 1. Jänner 2016 – Was ist zu beachten (§ 15h Abs 1 Z 3 MSchG/§ 8 Abs 1 Z 3 VKG)?

Eltern müssen das Ausmaß der Elternteilzeit innerhalb einer bestimmten Bandbreite beim AG/bei der AG beantragen, nur dann liegt eine Elternteilzeit samt Schutzbestimmungen vor.

Der/Die AG kann eine Arbeitszeit außerhalb der Bandbreite ohne weitere Begründung ablehnen. Es besteht kein Anspruch darauf. Falls er/sie dennoch damit einverstanden ist, gilt die Vereinbarung außerhalb der Bandbreite auch als Elternteilzeit inklusive Kündigungs- und Entlassungsschutz.

Achtung

Bei einer wöchentlichen Normalarbeitszeit von weniger als 15 Stunden pro Woche ist keine weitere Reduktion mehr möglich. Es kann aber eine Änderung der Lage der Arbeitszeit in Anspruch genommen werden (siehe Kapitel „Was ist das Recht auf Änderung der Lage der Arbeitszeit, also das Recht, die Arbeitszeit zu verschieben?").

Beispiele

- **Umstieg von Vollzeit mit 40 Stunden auf Elternteilzeit**

  Herr E. ist Büroangestellter und arbeitete vor Antritt der Elternteilzeit 40 Stunden pro Woche. Er möchte nun aufgrund der Geburt seines Sohnes am 30. Juni 2019 ab 30. Juni 2021 in Elternteilzeit gehen. Er muss seine wöchentliche Normalarbeitszeit um mindestens 20 % reduzieren. Dabei darf eine Mindestarbeitszeit von 12 Stunden pro Woche nicht unterschritten werden. Bei einer 40-Stunden-Woche ist damit die Arbeitszeit auf 12 bis 32 Stunden eingeschränkt. Innerhalb dieser Bandbreite muss Herr E. die Elternteilzeit bei seinem/seiner AG bekanntgeben.

- **Umstieg von hoher Teilzeit auf Elternteilzeit**

  Frau T. ist Labortechnikerin und arbeitet 30 Stunden pro Woche vor Antritt der Elternteilzeit. Aufgrund der Geburt ihrer Tochter am 1. März 2019 möchte sie ab 1. Jänner 2021 in Elternteilzeit gehen. Die Bekanntgabe der Elternteilzeit muss innerhalb einer Bandbreite von 12 bis 24 Stunden erfolgen.

- **Umstieg von niedriger Teilzeit auf Elternteilzeit**

  Frau N. ist Handelsangestellte und arbeitet vor der Geburt ihrer Zwillinge 15 Stunden pro Woche. Im Anschluss an die Karenz möchte sie ab 1. August 2020 für ein Jahr in Elternteilzeit gehen. Sie muss ihre Arbeitszeit auf 12 Stunden reduzieren.

Tipp

Will ein/eine AN die Stunden nicht reduzieren, sondern nur die Arbeitszeit verschieben, kann das Recht auf Änderung der Lage der Arbeitszeit in Anspruch genommen werden.

Was ist das Recht auf Änderung der Lage der Arbeitszeit, also das Recht, die Arbeitszeit zu verschieben (§ 15p MSchG/ § 8h VKG)?

Neben dem Recht auf Elternteilzeit haben Mütter und Väter auch einen Anspruch auf Änderung der Lage der Arbeitszeit zu denselben Bedingungen wie bei der Elternteilzeit. Eltern müssen dabei dieselben Voraussetzungen erfüllen wie bei der Elternteilzeit (dreijährige Beschäftigung beim/bei derselben AG, mehr als 20 Beschäftigte, das Kind muss im gemeinsamen Haushalt leben, …). Eine Änderung der Lage der Arbeitszeit ermöglicht Eltern, die Arbeitszeiten betreuungsbedingt zu verschieben, **ohne dabei Stunden reduzieren zu müssen**. Beispielsweise kann eine 35-Stunden-Woche beibehalten, aber der tägliche Beginn und das Ende der Arbeitszeit auf eine andere Uhrzeit verlegt werden.

Wer sollte den Anspruch nützen?

Tipp

Eine Änderung der Lage der Arbeitszeit ist vor allem wichtig für Mütter und Väter, die sich in folgenden Situationen befinden:

- Mütter und Väter, die ihre Stunden nicht reduzieren möchten, weil bereits eine Verschiebung der Arbeitszeit die Vereinbarkeit von Beruf und Familie für sie ermöglicht.
- Eltern, die bereits Teilzeit arbeiten und die Arbeitszeit nicht noch weiter reduzieren möchten, aber nur zu bestimmten Tageszeiten arbeiten können – etwa aufgrund der Öffnungszeiten der Kinderbetreuungseinrichtung.

Was ist hier möglich?

Möglich ist sowohl eine **Änderung der Tage** als auch der **Stundeneinteilung**. Den Anspruch können auch Teilzeitkräfte begehren. Beispielsweise kann eine 30-Stunden-Woche beibehalten, aber der tägliche Beginn und das Ende der Arbeitszeit auf eine andere Uhrzeit verlegt werden. Bei Gleitzeit kann die Änderung bezüglich der Kernzeit oder des Gleitzeitrahmens erfolgen.

Hinweis

Dieses Recht auf Änderung der Lage der Arbeitszeit ist neben der Elternteilzeit als **eigener Rechtsanspruch** vorgesehen.

Es kann daher für dasselbe Kind auch nach einer bereits ausgeübten Elternteilzeit begehrt werden.

Beispiele für eine Änderung der Lage der Arbeitszeit

- **Handelsangestellte mit wechselnder Arbeitszeit**

    Vor der Geburt von Lilly arbeitete ihre Mutter 30 Stunden pro Woche als Handelsangestellte. Der Dienstplan wird alle zwei Wochen neu festgelegt, wobei sie oft schon vor 7:00 Uhr in ihrer Filiale sein muss und, wenn sie am Nachmittag eingeteilt wird, immer wieder erst nach 20 Uhr gehen kann. Aufgrund der Kindergartenöffnungszeiten beantragt die Mutter von Lilly eine Änderung der Lage der Arbeitszeit nämlich fix Mo bis Fr von 8:00 bis 14:00 Uhr.

- **Verschiebung von täglichem Arbeitsbeginn und -ende**

  Die Mutter von Peter arbeitet vor der Geburt ihres Sohnes in Teilzeit von 7:00 bis 12:00 Uhr. Aufgrund der Öffnungszeiten des Kinderbetreuungsplatzes beantragt sie eine Verschiebung der Lage der Arbeitszeit auf 9:00 bis 14:00 Uhr.

- **Büroangestellter in Vollzeit**

  Der Vater von Leon ist Büroangestellter und arbeitet vor der Geburt seines Sohnes 40 Stunden Vollzeit von Mo bis Fr 9:30 bis 18:00 Uhr (inkl. Mittagspause). Da er am Nachmittag künftig sein Kind pünktlich vor Schließung vom Kindergarten abholen muss, beantragt er eine tägliche Verschiebung auf 7:30 bis 16:00 Uhr.

Ab wann und wie lange können Eltern in Elternteilzeit gehen oder die Lage der Arbeitszeit verschieben?

Eine Elternteilzeit/Änderung der Lage der Arbeitszeit können Eltern zu verschiedenen Zeitpunkten antreten:

- Die Elternteilzeit oder die Änderung der Lage der Arbeitszeit kann direkt im Anschluss an das (fiktive) Beschäftigungsverbot nach der Geburt des Kindes angetreten werden.
- Ebenso möglich ist der Antritt im Anschluss an eine Elternkarenz oder
- auch zu einem späteren Zeitpunkt, z.B. ab dem dritten Geburtstag des Kindes.

Achtung

Die maximale Dauer ist bis zum Ablauf des 7. Lebensjahres oder bis zu einem späteren Schuleintritt des Kindes. Eine Mindestdauer ist ebenso zu beachten. Sie beträgt zwei Monate.

Hinweis

Die Elternteilzeit kann nur einmal pro Kind angetreten werden. Es ist allerdings möglich nach einer Elternteilzeit auch noch eine Änderung der Lage der Arbeitszeit in Anspruch zu nehmen (siehe Kapitel Änderung der Lage der Arbeitszeit).

Wie und wann soll die Elternteilzeit oder eine Verschiebung der Lage der Arbeitszeit gemeldet werden?
Was ist zu beachten (§ 15j MSchG/§ 8b VKG)?

Eltern müssen die Absicht, eine Elternteilzeit oder Änderung der Lage der Arbeitszeit in Anspruch zu nehmen, beim/bei der AG **innerhalb bestimmter Fristen schriftlich** bekanntgeben.

Wichtig

Beginn, Dauer, Lage und Ausmaß der gewünschten Arbeitszeit sind dem/der AG bekanntzugeben (siehe Musterbriefe).

Soll die Elternteilzeit/Änderung der Lage der Arbeitszeit **gleich nach der Schutzfrist** beginnen?

- In diesem Fall muss die **Mutter** die Elternteilzeit/Änderung der Lage der Arbeitszeit **innerhalb des Beschäftigungsverbotes** nach der Geburt des Kindes ihrem/ihrer AG bekanntgeben.
- Der **Vater** muss die Elternteilzeit/Änderung der Lage der Arbeitszeit **innerhalb von acht Wochen nach der Geburt** seinem/seiner AG bekanntgeben.

Soll die Elternteilzeit/Änderung der Lage der Arbeitszeit **direkt im Anschluss an die Elternkarenz** beginnen?

- In diesem Fall hat die Bekanntgabe an den/die AG **spätestens drei Monate vor dem Wiedereinstieg** zu erfolgen.

Soll die Elternteilzeit/Änderung der Lage der Arbeitszeit **zu einem späteren Zeitpunkt,** z.B. ab dem dritten Geburtstag des Kindes beginnen?

- In diesem Fall hat die **Bekanntgabe frühestens vier Monate, spätestens drei Monate vor Antritt** zu erfolgen (= drei Monate vor dem dritten Geburtstag des Kindes).

Tipp

Die Bekanntgabe der Elternteilzeit sollte zwischen 3. und 4. Monat vor Antritt erfolgen, da der Kündigungsschutz erst vier Monate vor Antritt der Elternteilzeit greift.

Hinweis

Beträgt jedoch der Zeitraum zwischen dem Ende des Beschäftigungsverbotes nach der Geburt und dem Beginn der Elternteilzeit weniger als drei Monate, so hat der/die AN die Elternteilzeit/Änderung der Lage der Arbeitszeit bis zum Ende der Schutzfrist (für den Vater: spätestens acht Wochen nach der Geburt) bekanntzugeben.

Tipp: Musterbriefe

EINSCHREIBEN oder Übergabebestätigung

Betrifft: Elternteilzeit (§ 15h MSchG, § 8 VKG)

Sehr geehrte Damen und Herren!

Ich teile Ihnen mit, dass ich aufgrund der Geburt meines Kindes am .... im Anschluss an das absolute Beschäftigungsverbot (meiner Partnerin/Frau*) / an einen Urlaub nach dem absoluten Beschäftigungsverbot (meiner Partnerin/Frau*) / an die Karenz / ab .... (bestimmtes Datum)* eine Teilzeitbeschäftigung (Anspruch auf Elternteilzeit) entsprechend den Bestimmungen des § 15h Mutterschutzgesetzes / § 8 Väterkarenzgesetzes* in Anspruch nehme.

Das Ausmaß der Elternteilzeit soll .... Stunden pro Woche betragen.

Die Arbeitszeit soll wie folgt verteilt sein:

Montag: ....
Dienstag: ....
Mittwoch: ....
Donnerstag: ....
Freitag: ....
Samstag: ....

Die Elternteilzeit soll bis zum ...... Geburtstag meines Kindes / bis .... (bestimmtes Datum)* dauern.

Ich darf Sie bitten, mir / sowie dem Betriebsrat* Ihr Einverständnis schriftlich mitzuteilen / einen allfälligen Gegenvorschlag ehest möglich zu übermitteln* und allenfalls zugleich einen Terminvorschlag für die Verhandlungen gem. § 15k Mutterschutzgesetz / § 8c Väterkarenzgesetz zu machen.

Mit freundlichen Grüßen

(Unterschrift)

(Kopie ergeht an Betriebsrat*)

Beilage: Kopie der Geburtsurkunde des Kindes, ev. Bestätigung über Karenz, ev. Bestätigung über Karenz des anderen Elternteils.

* Nicht Zutreffendes streichen.

EINSCHREIBEN oder Übergabebestätigung

Betrifft: Änderung der Lage der Arbeitszeit (§ 15p MSchG, § 8h VKG)

Sehr geehrte Damen und Herren!

Ich teile Ihnen mit, dass ich aufgrund der Geburt meines Kindes am .... im Anschluss an das absolute Beschäftigungsverbot (meiner Partnerin/Frau*) / an einen Urlaub nach dem absoluten Beschäftigungsverbot (meiner Partnerin/Frau*) / an die Karenz / ab .... (bestimmtes Datum)* eine Änderung der Arbeitszeit entsprechend den Bestimmungen des § 15p Mutterschutzgesetzes / § 8h Väterkarenzgesetzes* beanspruchen werde.

Die Arbeitszeit soll wie folgt verteilt sein:

Montag: ....
Dienstag: ....
Mittwoch: ....
Donnerstag: ....
Freitag: ....
Samstag: ....

Die geänderte Lage der Arbeitszeit soll bis zum .... Geburtstag meines Kindes / bis .... (bestimmtes Datum)* dauern.

Ich darf Sie bitten, mir /sowie dem Betriebsrat* Ihr Einverständnis schriftlich mitzuteilen / einen allfälligen Gegenvorschlag ehest möglich zu übermitteln* und allenfalls zugleich einen Terminvorschlag für die Verhandlungen zu machen.

Mit freundlichen Grüßen

(Unterschrift)

(Kopie ergeht an Betriebsrat*)

Beilage: Kopie der Geburtsurkunde des Kindes, ev. Bestätigung über Karenz, ev. Bestätigung über Karenz des anderen Elternteils.

* Nicht Zutreffendes streichen.

Zusammengefasst
Was ist bei der Bekanntgabe einer Elternteilzeit/Änderung der Lage der Arbeitszeit alles zu beachten?

- **Fristen** für die Bekanntgabe müssen beachtet werden. In der Regel hat die Bekanntgabe **spätestens drei Monate** vor dem gewünschten Antritt zu erfolgen. Die Bekanntgabe sollte nicht früher als vier Monate vor Antritt erfolgen, es sei denn, die Mutter bzw. der Vater hat noch einen Kündigungsschutz aufgrund einer Elternkarenz.

- Das Schreiben an den/die AG sollte **schriftlich** erfolgen und folgende Punkte enthalten: **Beginn, Dauer, Lage und Ausmaß der gewünschten Arbeitszeit** (siehe Musterbrief).

- Die **maximale Dauer ist bis zum Ablauf des 7. Lebensjahres oder bis zu einem späteren Schuleintritt** des Kindes. Eine **Mindestdauer** ist ebenso zu beachten. Sie beträgt **2 Monate.**

- **Für Eltern, deren Kinder ab dem 1. Jänner 2016 geboren wurde, gilt:**
  Die Bekanntgabe der Elternteilzeit muss **innerhalb der Bandbreite** erfolgen (individuelle wöchentliche Normalarbeitszeit muss um mindestens 20 % reduziert und eine Mindestarbeitszeit von zwölf Stunden pro Woche darf nicht unterschritten werden).

- Die Zeiten, die bekanntgegeben werden, sollten **möglichst konkret formuliert** sein, **dem tatsächlichen Wunsch** der Arbeitszeit entsprechen und mit der **erforderlichen Kinderbetreuung** abgestimmt sein.

Partnerschaftliche Teilung: Welche Rechte können Eltern gleichzeitig nutzen?

Sowohl die Elternteilzeit als auch die Änderung der Lage der Arbeitszeit können flexibel von Müttern und Vätern in Anspruch genommen werden. Sie können optimal für eine partnerschaftliche Teilung der Kinderbetreuung genützt werden:

- Haben **beide Elternteile einen Rechtsanspruch**, dann können Elternteilzeit und die Änderung der Lage der Arbeitszeit – anders als bei einer Karenz (siehe Kapitel Elternkarenz) – von beiden Elternteilen gleichzeitig in Anspruch genommen werden.

Beispiel 1

Die Mutter ist Handelsangestellte mit wechselnder Arbeitszeit, der Vater Büroangestellter in Vollzeit

Vor der Geburt ihrer Tochter Laura arbeitete ihre Mutter 38,5 Stunden pro Woche als Handelsangestellte. Der Dienstplan wird alle zwei Wochen neu festgelegt, wobei sie oft schon vor 7:00 Uhr in ihrer Filiale sein muss und, wenn sie am Nachmittag eingeteilt wird, immer wieder erst nach 20 Uhr gehen kann. Ihr Vater ist in einem Büro 40 Stunden pro Woche angestellt, Montag bis Freitag 9 bis 17:30 (inkl. Pause). Mutter und Vater möchten ab dem zweiten Geburtstag ihrer Tochter beide in Elternteilzeit gehen und sich die Betreuung aufteilen.

Ihr gemeinsamer Plan:

Mutter möchte 30 Stunden pro Woche arbeiten:

MO	9–15:30 h (abzüglich 30 min Pause)	6 Stunden
DI	9–16.30 h (abzüglich 30 min Pause)	7 Stunden
MI und DO	7–13:30 h (abzüglich 30 min Pause)	je 6 Stunden
FR	7–12:00 h	5 Stunden

Vater möchte 32 Stunden pro Woche arbeiten:

MO und DI	8–13:30 h (abzüglich 30 min Pause)	je 5 Stunden
MI	8–16.30 h (abzüglich 30 min Pause)	8 Stunden
DO und FR	9–16:30 h (abzüglich 30 min Pause)	je 7 Stunden

Beispiel 2

**Die Mutter ist Bankangestellte,
der Vater technischer Angestellter in Vollzeit**

Vor der Geburt ihres Sohnes Tim arbeitete die Mutter 38,5 Stunden pro Woche. Der Vater 40 Stunden pro Woche. Mutter und Vater möchten ab dem 14. Lebensmonat ihres Sohnes beide in Elternteilzeit gehen und sich die Betreuung bis zum zweiten Geburtstag aufteilen.

Ihr gemeinsamer Plan:

Vater möchte 24 Stunde pro Woche arbeiten:

MO bis MI   8–16:30 h (abzüglich 30 min Pause)   je 8 Stunden

Mutter möchte 16 Stunden pro Woche arbeiten:

DO und FR   8–16:30 h (abzüglich 30 min Pause)   je 8 Stunden

- **Erfüllt ein Elternteil oder auch beide die Voraussetzungen** für den Rechtsanspruch **nicht**, dann kann eine vereinbarte Elternteilzeit oder Änderung der Lage der Arbeitszeit erwirkt werden (siehe „Wie kann die vereinbarte Elternteilzeit oder die Änderung der Lage der Arbeitszeit durchgesetzt werden?"). Beispielsweise ist es möglich, dass die Mutter einer Änderung der Lage der Arbeitszeit in Anspruch nimmt und der Vater gleichzeitig mit seinem/seiner AG eine vereinbarte Elternteilzeit im Ausmaß vom 30 Stunden pro Woche vereinbart.

Achtung

Was geht nicht? Eine Kombination aus Elternteilzeit und Elternkarenz für dasselbe Kind ist nicht möglich. Nimmt beispielsweise der Vater eine Elternteilzeit in Anspruch, dann darf die Mutter nicht gleichzeitig für dasselbe Kind in Karenz sein.

Wie lange dauert der Kündigungs- und Entlassungsschutz beim Rechtsanspruch (§ 15n MSchG/§ 8f VKG)?

Nehmen Eltern Elternteilzeit oder eine Änderung der Arbeitszeit in Anspruch, so haben sie in dieser Zeit auch einen Kündigungs- und Entlassungsschutz. Beim Rechtsanspruch auf Elternteilzeit oder bei Änderung der Arbeitszeit beginnt der Kündigungs- und Entlassungsschutz grundsätzlich mit der Bekanntgabe, frühestens jedoch vier Monate vor Antritt. Er dauert bis längstens vier Wochen nach dem Ablauf des vierten Lebensjahres des Kindes.

Hinweis

In diesem Zeitraum kann der/die AG eine Kündigung oder Entlassung nur nach vorheriger Zustimmung des ASG aussprechen.

Achtung bei Nebenbeschäftigungen während der Elternteilzeit/ Änderung der Lage der Arbeitszeit

Wird ohne Zustimmung des/der AG eine weitere Beschäftigung aufgenommen, geht der Kündigungsschutz verloren. Die Arbeitgeberseite kann binnen acht Wochen ab Kenntnis der Nebenbeschäftigung eine Kündigung ohne Zustimmung des Gerichtes aussprechen.

Motivkündigungsschutz

Ein schwächerer Schutz besteht zwischen dem vierten und dem siebten Lebensjahr des Kindes. In diesem Zeitraum haben Eltern in Elternteilzeit bzw. bei Änderung der Lage der Arbeitszeit nur einen sogenannten **Motivkündigungsschutz**, d.h. eine Kündigung oder Entlassung kann in diesem Zeitraum bei Gericht angefochten werden. Die Mutter bzw. der Vater muss allerdings glaubhaft machen können, dass die Kündigung wegen der Inanspruchnahme der Elternteilzeit oder Änderung der Lage der Arbeitszeit ausgesprochen wurde.

Achtung

Für die Einbringung eine Anfechtungsklage ist eine sehr kurze Frist vorgesehen. Es empfiehlt sich daher im Falle einer Kündigung oder Entlassung **gleich** Kontakt mit der Arbeiterkammer oder Gewerkschaft aufzunehmen. Es gibt die Möglichkeit einer Vertretung vor Gericht.

Wie kann der Anspruch auf Elternteilzeit oder die Änderung der Lage der Arbeitszeit durchgesetzt werden?
Was passiert, wenn der Arbeitgeber oder die Arbeitgeberin mit der Elternteilzeit oder der Änderung der Lage der Arbeitszeit nicht einverstanden ist (§ 15k MSchG/§ 8c VKG)?

Die Verfahren zur Durchsetzung des Rechtsanspruchs auf **Elternteilzeit** und **Änderung der Lage der Arbeitszeit** sind gleich geregelt:

1. Zuerst muss die Mutter bzw. der Vater Beginn, Dauer, Lage und Ausmaß der gewünschten Arbeitszeit fristgerecht beim/bei der AG bekanntgeben (siehe dazu Kapitel „Was ist bei der Bekanntgabe alles zu beachten?").
2. Danach beginnen Verhandlungen mit dem/der AG: Beginn, Dauer, Ausmaß der Elternteilzeit sowie die konkrete Lage der Arbeitszeit sind mit dem/der AG in einem nächsten Schritt zu vereinbaren.

Tipp

Gibt es einen Betriebsrat im Unternehmen? Wenn ja, ist dieser auf Verlangen des/der AN zur Unterstützung bei den Verhandlungen beizuziehen.

3. Kommt **binnen zwei Wochen ab Bekanntgabe** keine Einigung mit der Arbeitgeberseite zustande, dann können im Einvernehmen auch die Vertreter und Vertreterinnen der gesetzlichen Interessenvertretungen beigezogen werden.

> **Hinweis**
> Das Ergebnis der Verhandlungen ist schriftlich festzuhalten, zu unterschreiben und eine Kopie ist dem/der AN auszuhändigen.

4. Kommt **binnen vier Wochen ab Bekanntgabe** keine Einigung zustande, dann hat der/die AG zwei Möglichkeiten: Er kann **binnen weiterer zwei Wochen** einen Antrag auf gütliche Einigung durch **prätorischen Vergleich** beim ASG stellen oder er wird nicht aktiv und leitet keine weiteren Schritte ein.

5. Hat der/die AG allerdings innerhalb der Frist einen Antrag beim ASG eingebracht, dann stehen **vier Wochen** für eine Einigung vor dem ASG zur Verfügung.

6. Ist wieder keine Einigung zu erzielen, so steht dem/der AG die Möglichkeit (**binnen einer weiteren Woche**) einer Klage auf Einwilligung in die von ihm gewünschten Bedingungen offen.

Achtung

Während eines laufenden Durchsetzungsverfahrens darf die Mutter bzw. der Vater die gewünschte Elternteilzeit/Änderung der Lage der Arbeitszeit noch nicht antreten.

> **Hinweis**
> Verabsäumt der/die AG die Einleitung eines Verfahrens vor dem ASG oder verzichtet er darauf, so kann die Mutter oder der Vater die Elternteilzeit bzw. die Änderung der Lage der Arbeitszeit nach den von ihr/von ihm gewünschten Bedingungen antreten.

Wie entscheidet das Gericht?

Das ASG nimmt eine **Interessenabwägung** zwischen dem Vorschlag der Mutter bzw. des Vaters und dem Vorschlag des/der AG vor. Das Gericht kann sich dabei entweder dem Vorschlag des/der AG oder dem der Mutter bzw. des Vaters anschließen. Der/die AG hat nur dann Erfolg mit seiner Klage, wenn die betrieblichen Erfordernisse gegenüber den Interessen der Mutter bzw. des Vaters überwiegen.

Tipp

Eltern sollten daher bei der Bekanntgabe die gewünschten Zeiten möglichst konkret formulieren und mit der Kinderbetreuung abstimmen. Denn letztendlich entscheidet das Gericht zwischen den beiden Vorschlägen, die am Tisch liegen. Das Gericht hat nicht die Möglichkeit, einen Kompromissvorschlag anzuordnen.

Entscheidung des Gerichts: Was ist nicht möglich?

- Der/Die AG hat keine **Möglichkeit, eine Elternteilzeit oder Änderung der Lage der Arbeitszeit generell abzulehnen.** Das Gericht muss zwischen dem Vorschlag des/der AG oder dem der Mutter bzw. des Vaters entscheiden.
- Für Geburten seit dem 1. Jänner 2016 gilt: Der/Die AG kann eine Klage auf Einwilligung auch nur innerhalb der Arbeitszeit-Bandbreite einbringen.
- **Eine Änderung des Arbeitsvertrages** (z.B. Versetzung auf einen anderen Arbeitsplatz oder Ort, Zuweisung einer anderen Tätigkeit, …) kann der/die AG im Rahmen dieses Verfahrens nicht erzwingen. Gegenstand des Gerichtsverfahrens sind ausschließlich die gesetzlichen Bedingungen für eine **Elternteilzeit** bzw. **Änderung der Lage der Arbeitszeit;** also Beginn, Dauer, Ausmaß und Lage der Arbeitszeit.

Hinweis

Versetzungen sind nur im Rahmen des Arbeitsvertrages möglich. Zusätzlich ist bei der Versetzung im Zusammenhang mit einer Elternteilzeit oder Änderung der Lage der Arbeitszeit das **Gleichbehandlungsgesetz** zu beachten: Demnach darf niemand aufgrund des Geschlechtes – insb unter Bezugnahme auf den Familienstand oder den Umstand, ob jemand Kinder hat – im Zusammenhang mit einem Arbeitsverhältnis unmittelbar oder mittelbar diskriminiert werden. Insbesondere schikanöse Versetzung aufgrund der Inanspruchnahme einer Elternteilzeit oder Änderung der Lage der Arbeitszeit als Reaktion, um die Durchsetzung abzuwehren, stellen Diskriminierungen nach dem Gleichbehandlungsgesetz dar. Es besteht in einem solchen Fall Anspruch auf Gewährung diskriminierungsfreier Arbeitsbedingungen oder auf Ersatz eines Vermögenschadens und auf eine Entschädigung für die erlittene persönliche Beeinträchtigung.

Was können Eltern tun, wenn der/die AG mit der Elternteilzeit/Änderung der Lage der Arbeitszeit nicht einverstanden ist oder das Gericht der Klage des/der AG stattgibt (§ 15m MSchG/§ 8e VKG)?

Gegen die Entscheidung des ASG ist in diesem Fall keine Berufung zulässig. Das gilt selbstverständlich auch dann, wenn sich das Gericht für den Vorschlag der Mutter bzw. des Vaters entscheiden würde.

Entscheidet sich das Gericht aber für den Vorschlag des/der AG, dann hat die Mutter bzw. der Vater nur folgende Optionen:

1. Die Mutter bzw. der Vater kann die Arbeitszeit wie vom/von der AG gewünscht antreten **oder**,
2. sofern das Kind noch nicht zwei Jahre alt ist, eine **Ersatzkarenz** beantragen.

Meldefrist beachten!

Eine Ersatzkarenz ist dem/der AG binnen einer Woche ab Zugang des Urteils zu melden.

Eine Ersatzkarenz kann – wie auch eine reguläre Elternkarenz – maximal bis zum Ablauf des zweiten Lebensjahres des Kindes dauern.

Wann ist eine Ersatzkarenz noch möglich?

Eine Ersatzkarenz kann von der Mutter bzw. vom Vater auch schon früher verlangt werden, nämlich schon nach Scheitern der innerbetrieblichen Verhandlungen. Voraussetzung ist, dass das Kind noch nicht zwei Jahre alt ist. Eltern haben hier **zwei Optionen**:

- Sie nehmen eine Ersatzkarenz anstelle der Elternteilzeit/Änderung der Lage der Arbeitszeit in Anspruch oder
- gehen in Ersatzkarenz bis zur Entscheidung des Gerichts.

Auch in diesen Fällen ist eine Ersatzkarenz maximal bis zum Ablauf des zweiten Lebensjahres des Kindes möglich.

Ersatzkarenz anstelle der Elternteilzeit/ Änderung der Lage der Arbeitszeit

Für Eltern, die eine gerichtliche Auseinandersetzung vermeiden möchten, ist eine Ersatzkarenz eine Option. Nach dem Scheitern der innerbetrieblichen Einigung kann die Mutter bzw. der Vater sofort, also ohne gerichtliches Verfahren über die Elternteilzeit/Änderung der Lage der Arbeitszeit, in Ersatzkarenz gehen. Es findet kein gerichtliches Verfahren statt.

Wichtig

Eine Ersatzkarenz „an Stelle" der verlangten Elternteilzeit/Änderung der Lage der Arbeitszeit ist dem/der AG **binnen einer Woche ab Nichteinigung** zu melden.

Hinweis

Nimmt die Mutter bzw. der Vater eine Ersatzkarenz anstelle einer Elternteilzeit in Anspruch, dann bewirkt das keinen Verzicht auf den Anspruch auf Elternteilzeit oder Änderung der Lage der Arbeitszeit zu einem späteren Zeitpunkt. Vielmehr kann sie/er auch nach Ablauf der Ersatzkarenz einen neuerlichen Versuch der Inanspruchnahme von Elternteilzeit oder Änderung der Lage der Arbeitszeit starten.

Ersatzkarenz bis zur Entscheidung des Gerichts

Für Eltern, die eine Elternteilzeit oder Änderung der Lage der Arbeitszeit bekanntgegeben haben und ihre Bedingungen durchsetzen möchten, gibt es ebenfalls die Möglichkeit der Ersatzkarenz. Demnach können sie bis zur (rechtskräftigen) gerichtlichen Entscheidung über die **Elternteilzeit/Änderung der Lage der Arbeitszeit**, und maximal bis zum Ablauf des zweiten Lebensjahres des Kindes Ersatzkarenz in Anspruch nehmen.

Tipp

Da während eines laufenden Durchsetzungsverfahrens die gewünschte Elternteilzeit/Änderung der Lage der Arbeitszeit (noch) nicht angetreten werden kann, ist die Ersatzkarenz für jene Eltern wichtig, die knapp vor dem Wiedereinstieg stehen und nicht die Arbeitszeit wie bisher antreten können, weil sie nicht über ausreichende Möglichkeiten einer Kinderbetreuung verfügen (zu den finanziellen Leistungen siehe Kapitel Kinderbetreuungsgeld).

Meldefrist beachten!

Eine Ersatzkarenz ist dem/der AG binnen einer Woche ab Nichteinigung zu melden.

Kann die Elternteilzeit/Änderung der Lage der Arbeitszeit einseitig verändert, verkürzt oder verlängert werden (§ 15j Abs 5 MSchG/§ 8b Abs 5 VKG)?

Eine Elternteilzeit und eine Änderung der Lage der Arbeitszeit kann von jedem Elternteil jeweils für jedes Kind **nur einmal in Anspruch** genommen werden.

Eine bereits einmal angetretene Elternteilzeit oder Änderung der Lage der Arbeitszeit kann von Mutter und Vater aber **einmal verändert** oder **vorzeitig** beendet werden.

Was bedeutet einmal verändern?

Mütter und Väter können **einmal** entweder die Elternteilzeit/Änderung der Lage der Arbeitszeit hinsichtlich der **Dauer verlängern** oder **eine Änderung des Ausmaßes** oder **der Lage der Arbeitszeit** verlangen.

Zusätzlich kann **einmal eine vorzeitige Beendigung** der Elternteilzeit/Änderung der Lage der Arbeitszeit verlangt werden.

Wichtig

Der Änderungswunsch muss **spätestens drei Monate**, dauert die Elternteilzeit/Änderung der Lage der Arbeitszeit jedoch weniger als drei Monate, spätestens zwei Monate vor der beabsichtigten Änderung **schriftlich** bekannt gegeben werden. Zur Durchsetzung des Änderungswunsches ist ein ähnliches Verfahren wie beim erstmaligen Antrag auf Elternteilzeit oder auf Veränderung der Lage der Arbeitszeit in Gang zu setzen.

Der/die AG muss, um die Änderung abzuändern, die festgelegten Schritte zeitgerecht einleiten.

Hat auch der/die AG ein Recht auf Änderung?

AG können ebenfalls einmal eine Änderung des Ausmaßes oder der Lage der Arbeitszeit und einmal eine vorzeitige Beendigung der Teilzeitbeschäftigung verlangen. Eine Verlängerung der Elternteilzeit/Änderung der Lage der Arbeitszeit kann vom/von der AG allerdings nicht verlangt werden.

Auch bei einem Änderungswunsch durch den/die AG muss ein Verfahren eingehalten werden. Kann keine innerbetriebliche Einigung über eine Veränderung der Arbeitszeit erzielt werden, muss der/die AG innerhalb der vorgesehenen Fristen ein Verfahren beim ASG einleiten.

Zusammengefasst
Was ist bei der Änderung der Elternteilzeit/Änderung der Lage der Arbeitszeit alles zu beachten?

- **Meldefristen** an den/die AG sind auch hier einzuhalten: In der Regel hat der Wunsch auf Änderung oder vorzeitiger Beendigung der Elternteilzeit/Änderung der Lage der Arbeitszeit spätestens drei Monate vor der gewünschten Änderung schriftlich zu erfolgen.

- **Für Geburten seit 1. Jänner 2016 gilt**: Auch eine Änderung der Elternteilzeit hat innerhalb der **Bandbreite** zu erfolgen. Bei einer 40-Stunden-Woche ist damit die Arbeitszeit auf 12 bis 32 Stunden eingeschränkt. In diesem Fall muss daher auch eine Änderung der Elternteilzeit innerhalb dieser Bandbreite beim/bei der AG bekanntgegeben werden.

- Ein **Recht auf Änderung** (= Verlängerung der Dauer oder Änderung des Ausmaßes oder der Lage der Arbeitszeit) besteht für Mütter und Väter **nur einmal**. Zusätzlich besteht die Möglichkeit, die Elternteilzeit/Änderung der Lage der Arbeitszeit vorzeitig zu beenden.

Wenn es keinen Rechtsanspruch gibt: Vereinbarte Elternteilzeit und vereinbarte Änderung der Lage der Arbeitszeit (§15i MSchG/§ 8a VKG)

Welche Möglichkeiten haben Eltern, die in Kleinbetrieben tätig oder erst kurz im Unternehmen beschäftigt sind?

Für Mütter und Väter, die in kleineren Betrieben als 21 Beschäftigte tätig sind bzw. deren Arbeitsverhältnis noch keine drei Jahre gedauert hat, gibt es auch die Möglichkeit, eine Elternteilzeit oder eine Änderung der Lage der Arbeitszeit mit dem/der AG zu vereinbaren.

Die vereinbarte Elternteilzeit/Änderung der Lage der Arbeitszeit unterscheidet sich in wesentlichen Punkten vom Rechtsanspruch: Sie kann **längstens bis zum Ablauf des vierten Lebensjahres des Kindes** dauern. Und: Kommt keine Einigung mit dem/der AG über die Ausgestaltung der vereinbarten Elternteilzeit oder Änderung der Lage der Arbeitszeit zustande, dann muss der/die AN aktiv werden und rasch Klage erheben, um die Rechte durchsetzen zu können.

Wie ist die vereinbarte Elternteilzeit bzw. Änderung der Lage der Arbeitszeit bekanntzugeben?

Wie auch beim Rechtsanspruch muss die Mutter bzw. der Vater zuerst die Absicht, eine vereinbarte Elternteilzeit oder vereinbarte Änderung der Lage der Arbeitszeit in Anspruch zu nehmen beim/bei der AG bekanntgeben.

Wichtig

- Beginn, Dauer, Lage und Ausmaß der gewünschten Arbeitszeit sind schriftlich dem/der AG bekanntzugeben (siehe Musterbrief).
- Die Bekanntgabe der vereinbarten Elternteilzeit muss innerhalb der Bandbreite erfolgen: die individuelle wöchentliche Normalarbeitszeit muss um mindestens 20 % reduziert und eine Mindestarbeitszeit von zwölf Stunden pro Woche darf nicht unterschritten werden.
- Die Zeiten, die bekanntgegeben werden, sollten möglichst konkret formuliert sein, dem tatsächlichen Wunsch der Arbeitszeit entsprechen und mit der erforderlichen Kinderbetreuung abgestimmt sein.
- Auch eine partnerschaftliche Teilung ist bei der Vereinbarung möglich, denn auch hier gilt: Eltern können gleichzeitig in Elternteilzeit gehen oder die Lage der Arbeitszeit verschieben (siehe dazu Kapitel „Partnerschaftliche Teilung: Welche Rechte können Eltern gleichzeitig nut-

zen?")

Auch hier muss die Mutter bzw. der Vater **Meldefristen beachten**. Sie sind gleich geregelt wie beim Rechtsanspruch.

Soll die vereinbarte Elternteilzeit/Änderung der Lage der Arbeitszeit **gleich nach der Schutzfrist** beginnen?

- In diesem Fall muss die **Mutter** die vereinbarte Elternteilzeit/Änderung der Lage der Arbeitszeit **innerhalb der Schutzfrist** nach der Geburt des Kindes ihrem/ihrer AG bekanntgeben.
- Der **Vater** muss die vereinbarte Elternteilzeit/Änderung der Lage der Arbeitszeit **innerhalb von acht Wochen nach der Geburt** seinem/seiner AG bekanntgeben.

Soll die vereinbarte Elternteilzeit/Änderung der Lage der Arbeitszeit **direkt im Anschluss an die Elternkarenz** beginnen?

- In diesem Fall hat die Bekanntgabe an den/die AG **spätestens drei Monate vor dem Wiedereinstieg** zu erfolgen.

Soll die vereinbarte Elternteilzeit/Änderung der Lage der Arbeitszeit **zu einem späteren Zeitpunkt,** z.B. ab dem zweiten Geburtstag des Kindes beginnen?

- In diesem Fall hat die **Bekanntgabe frühestens vier Monate, spätestens drei Monate vor Antritt** zu erfolgen (= drei Monate vor dem zweiten Geburtstag des Kindes).

Hinweis

Beträgt jedoch der Zeitraum zwischen dem Ende des Beschäftigungsverbotes nach der Geburt und dem Beginn weniger als drei Monate, so hat die Mutter die vereinbarte Elternteilzeit/Änderung der Lage der Arbeitszeit bis zum Ende der Schutzfrist, der Vater bis spätestens acht Wochen nach der Geburt bekanntzugeben.

Achtung

Bei der Bekanntgabe der Elternteilzeit/Änderung der Lage der Arbeitszeit ist immer auch der **Kündigungsschutz zu beachten**: Der Kündigungsschutz beginnt frühestens vier Monate vor Antritt der vereinbarten Elternteilzeit bzw. Änderung der Lage der Arbeitszeit. Die Bekanntgabe der Elternteilzeit sollte daher zwischen dem 3. und 4. Monat vor Antritt erfolgen, es sei denn, es besteht noch ein Kündigungsschutz aus der Elternkarenz. In diesem Fall kann die Bekanntgabe auch schon früher erfolgen.

Tipp: Musterbrief für eine vereinbarte Elternteilzeit/

Änderung der Lage der Arbeitszeit (§ 15i MSchG, § 8a VKG)

EINSCHREIBEN oder Übergabebestätigung

Betrifft:
Ersuchen um Vereinbarung der Elternteilzeit/
Änderung der Lage der Arbeitszeit*

Sehr geehrte Damen und Herren,

ich teile Ihnen mit, dass ich aufgrund der Geburt meines Kindes am .... mit Ihnen eine Elternteilzeit/Änderung der Lage der Arbeitszeit* ab .... vereinbaren möchte.

Das Ausmaß der Arbeitszeit soll .... Stunden pro Woche betragen *(gilt nur für die Elternteilzeit)*. Die Arbeitszeit soll wie folgt verteilt sein:

Montag,	von .... Uhr	bis .... Uhr
Dienstag,	von .... Uhr	bis .... Uhr
Mittwoch,	von .... Uhr	bis .... Uhr
Donnerstag,	von .... Uhr	bis .... Uhr
Freitag,	von .... Uhr	bis .... Uhr
Samstag,	von .... Uhr	bis .... Uhr

Die Elternteilzeit/Änderung der Lage der Arbeitszeit* soll bis .... dauern. Sollten Sie mit diesem Vorschlag nicht einverstanden sein, ersuche ich Sie um einen Termin zur Besprechung meiner zukünftigen Arbeitszeiten.

Mit freundlichen Grüßen

(Unterschrift)

*Unzutreffendes streichen

Wie kann die vereinbarte Elternteilzeit oder vereinbarte Änderung der Lage der Arbeitszeit durchgesetzt werden (§ 15l MSchG/§ 8d VKG)?

Kommt **binnen zwei Wochen ab Bekanntgabe** der vereinbarten Elternteilzeit/Änderung der Lage der Arbeitszeit keine Einigung mit dem/der AG zustande, dann muss die Mutter bzw. der Vater auf Einwilligung in die Elternteilzeit/Änderung der Lage der Arbeitszeit beim zuständigen ASG klagen. Wobei auch hier – wie beim Rechtsanspruch – eine Bandbreite bei der Arbeitszeit zu beachten ist: Die individuelle wöchentliche Normalarbeitszeit muss um mindestens 20 % reduziert und eine Mindestarbeitszeit von zwölf Stunden pro Woche darf nicht unterschritten werden. Bei einer 40-Stunden-Woche beispielsweise ist damit die Arbeitszeit auf 12 bis 32 Stunden eingeschränkt. Eine Klage des/der AN auf Einwilligung kann demnach auch nur innerhalb der Bandbreite eingebracht werden.

Hinweis
Erhebt die Mutter bzw. der Vater keine Klage, dann kann die Elternteilzeit/Änderung der Lage der Arbeitszeit auch nicht angetreten werden.

Tipp
Möglich sind nach dem Gesetz allerdings auch Elternteilzeitvereinbarungen außerhalb der Bandbreite. Dazu braucht es eine schriftliche Einigung mit dem/der AG, die nicht gerichtlich erzwungen werden kann. Falls die Arbeitgeberseite aber zustimmt, gelten sämtliche (Schutz-)Bestimmungen über die Elternteilzeit. D.h. es besteht ein besonderer Kündigungs- und Entlassungsschutz.

Bis wann muss eine Klage eingebracht werden und wer unterstützt die Eltern dabei?

Leider ist es nach dem Gesetz nicht ganz klar, bis wann Eltern eine Klage einbringen müssen. Das Gesetz selbst enthält zwar keine diesbezügliche Frist, es sieht nur eine Wartefrist von zwei Wochen ab Bekanntgabe der Elternteilzeit/Änderung der Lage der Arbeitszeit vor. In dieser Zeit sollen Arbeitnehmerseite und Arbeitgeberseite versuchen, eine Einigung zu finden. Wird nach Ablauf dieser Zeit kein Kompromiss erzielt, dann kann die Mutter bzw. der Vater eine Klage erheben.

Wichtig
Konnte innerhalb der zwei Wochen keine Einigung mit der Arbeitgeberseite erzielt werden? In diesem Fall sollten sich die Eltern sofort an die Arbeiter-

kammer oder Fachgewerkschaft wenden und sich für eine eventuelle Klagseinbringung Unterstützung holen.

Wie entscheidet das Gericht?

In der Klage muss die Mutter bzw. der Vater Beginn, Dauer, Ausmaß und Lage der Arbeitszeit darlegen und begründen. Das ASG hat der Klage dann stattzugeben, wenn die Arbeitgeberseite die vereinbarte Elternteilzeit/Änderung der Lage der Arbeitszeit aus unsachlichen Gründen ablehnt. Unsachlich wäre beispielsweise, wenn der/die AG zwar mit einer Teilzeitbeschäftigung einverstanden ist, aber nicht in Form einer Elternteilzeit.

Liegen allerdings beweisbare sachliche Gründe auf Arbeitgeberseite vor, dann hat das Gericht die Klage abzuweisen und die Mutter bzw. der Vater kann keine Elternteilzeit/Änderung der Lage der Arbeitszeit in Anspruch nehmen.

Die Mutter bzw. der Vater kann in einem solchen Fall – sofern das Kind das zweite Lebensjahr noch nicht vollendet hat – nur eine **Ersatzkarenz** in Anspruch nehmen oder die Arbeitszeit wie bisher antreten. Eine Ersatzkarenz ist binnen einer Woche nach Zustellung des Urteils beim/bei der AG bekanntzugeben (siehe Ersatzkarenz).

Wie ist der Kündigungs- und Entlassungsschutz bei der vereinbarten Elternteilzeit/Änderung der Lage der Arbeitszeit geregelt (§ 15n MSchG/§ 8f VKG)?

Der besondere Kündigungs- und Entlassungsschutz

- beginnt mit der Bekanntgabe der Elternteilzeit/Änderung der Lage der Arbeitszeit, frühestens jedoch vier Monate vor dem beabsichtigten Antritt.
- Er beginnt nicht vor der Geburt des Kindes.
- Der Schutz dauert bis vier Wochen nach dem Ende der Elternteilzeit/Änderung der Lage der Arbeitszeit, längstens jedoch bis vier Wochen nach Ablauf des vierten Lebensjahres des Kindes.

Der Schutz gilt aber auch während eines Verfahrens auf Einwilligung in die Elternteilzeit/Änderung der Lage der Arbeitszeit:

- Bringt die Mutter bzw. der Vater allerdings keine Klage ein, dann endet der Kündigungs- und Entlassungsschutz vier Wochen nach Scheitern der außergerichtlichen Verhandlungen.
- Wird eine Klage eingebracht und nicht stattgegeben, dann endet der Schutz spätestens vier Wochen nach dem Ergehen eines Urteils.

Achtung

Sollte nach Ablauf der vier Wochen eine Kündigung oder Entlassung wegen der beabsichtigten Inanspruchnahme einer Elternteilzeit/Änderung der Lage der Arbeitszeit ausgesprochen werden, dann kann diese nach dem GlBG angefochten werden.

Hier ist eine kurze Frist von 14 Tagen ab Zugang der Kündigung/Entlassung zu beachten.

Zusammengefasst
Was ist bei der vereinbarten Elternteilzeit/
Änderung der Lage der Arbeitszeit alles zu beachten?

- Der Wunsch nach einer vereinbarten Elternteilzeit/Änderung der Lage der Arbeitszeit ist dem/der AG schriftlich bekanntzugeben. Meldefristen sind hier zu beachten. Zudem hat die Bekanntgabe der vereinbarten Elternteilzeit innerhalb der Arbeitszeit-Bandbreite zu erfolgen.

- Auch die vereinbarte Elternteilzeit/Änderung der Lage der Arbeitszeit kann von den Eltern gleichzeitig genutzt werden.

- Kommt binnen zwei Wochen ab Bekanntgabe keine Einigung mit der Arbeitgeberseite zustande, dann sollten Mütter bzw. Väter rasch reagieren. Sie müssen nämlich auf Einwilligung klagen, wenn sie eine vereinbarte Elternteilzeit/Änderung der Lage der Arbeitszeit durchsetzen wollen. Arbeiterkammer oder Gewerkschaft beraten und unterstützen Mütter und Väter dabei.

- Solange keine Entscheidung vom Gericht vorliegt, dürfen Eltern die gewünschten Zeiten nicht antreten, sondern müssen wie bisher arbeiten. Ist das Kind allerdings noch keine zwei Jahre alt, dann kann – wie auch beim Rechtsanspruch – eine Ersatzkarenz in Anspruch genommen werden.

- Wird keine Klage erhoben, ist der Verlust des besonderen Kündigungs- und Entlassungsschutzes zu beachten. Er endet vier Wochen nach Scheitern der außergerichtlichen Verhandlungen. Zudem muss die Mutter bzw. der Vater bei Nichteinigung die Arbeitszeit zu den ursprünglichen Bedingungen antreten.

- Sollte eine Kündigung oder Entlassung als Reaktion auf den Wunsch nach einer Elternteilzeit oder Änderung der Lage der Arbeitszeit ausgesprochen werden, dann kann diese Beendigung bei Gericht bekämpft werden.

Kann die (vereinbarte) Elternteilzeit/Änderung der Lage der Arbeitszeit nach einer weiteren Geburt fortgesetzt werden (§ 15j Abs 9 MSchG/§ 8b Abs 9 VKG)?

Kommt während der Elternteilzeit ein weiteres Kind zur Welt, dann bestehen mehrere Optionen für Eltern: Sie können die Elternteilzeit/Änderung der Lage der Arbeitszeit für das ältere Kind einfach fortsetzen, eine Elternkarenz für das jüngere Kind in Anspruch nehmen oder eine Elternteilzeit/Änderung der Lage der Arbeitszeit für das jüngere Kind nutzen.

Beispiele

- Befindet sich beispielsweise die Mutter in Elternteilzeit für das erste Kind, dann kann sie die Elternteilzeit bis zur ursprünglich bekanntgegeben Dauer nach dem Beschäftigungsverbot einfach fortsetzen. Die Mutter kann aber auch eine Elternkarenz für das jüngere Kind melden oder eine Elternteilzeit für das jüngere Kind bekanntgeben. Dann endet allerdings die Elternteilzeit für das ältere Kind.

- Gleiches gilt für den Vater: Die Geburt eines weiteren Kindes hat keinen Einfluss auf die Elternteilzeit/Änderung der Lage der Arbeitszeit des Vaters. Er kann sie einfach fortsetzen. Auch eine Karenz der Mutter für das jüngere Kind schadet nicht.

Achtung

Nimmt die Mutter allerdings Karenz für das jüngere Kind in Anspruch, dann kann der Vater nicht für dasselbe Kind in Elternteilzeit gehen.

Kann das Arbeitsverhältnis während einer (vereinbarten) Elternteilzeit/Änderung der Lage der Arbeitszeit aufgelöst werden (§ 23a Abs 4a und 5 AngG/§ 14 Abs 2 Z 1 BMSVG)?

Eine Selbstkündigung während einer Elternteilzeit/Änderung der Lage der Arbeitszeit ist möglich. Eltern müssen allerdings die Kündigungsfristen beachten. Die Fristen ergeben sich aus dem Arbeitsvertrag, Kollektivvertrag oder aus dem Gesetz direkt.

Tipp

Eltern sollten vor Ausspruch einer Kündigung unbedingt Beratung hinsichtlich der einzuhaltenden Fristen, der Beendigungsansprüche etc. in Anspruch nehmen. Arbeiterkammer oder Gewerkschaft beraten und unterstützen dabei.

Geht der Anspruch auf Abfertigung (alt/neu) bei einer Selbstkündigung verloren?

Bei Selbstkündigung während der Elternteilzeit bleibt der Anspruch auf **Abfertigung alt** (Arbeitsverhältnisse, die vor dem 1. Jänner 2003 begründet wurden, § 23a Abs 4a und 5 AngG) unter bestimmten Voraussetzungen zum Teil erhalten:

- Das Arbeitsverhältnis muss mindestens fünf Jahre gedauert haben und
- das Arbeitsverhältnis muss während einer Elternteilzeit/Änderung der Lage der Arbeitszeit aus Anlass der Geburt eines Kindes durch Selbstkündigung enden.

Die Höhe der Abfertigung alt beträgt dann die Hälfte der gesetzlichen Abfertigung, höchstens jedoch das Dreifache des monatlichen Entgelts. Bei der Elternteilzeit wird die Basis zur Berechnung der Höhe der Abfertigung aus dem Durchschnitt der in den letzten fünf Jahren geleisteten Arbeitszeit, ohne die Zeiten einer Karenz, gebildet.

Hinweis

Kollektivverträge bzw. Betriebsvereinbarungen sehen teilweise günstigere Berechnungen vor. Eltern können sich diesbezüglich beim Betriebsrat, der Gewerkschaft oder Arbeiterkammer erkundigen.

Der Anspruch auf **Abfertigung „neu"** (Arbeitsverhältnisse, die seit dem 1. Jänner 2003 neu begründet wurden, § 14 Abs 2 Z 1 BMSVG) besteht nicht mehr gegenüber dem/der AG, sondern gegenüber der Betrieblichen Vorsorgekasse. Eltern können die Auszahlung der Abfertigung nach 36 Beitrags-/Einzahlungsmonaten verlangen oder anders darüber verfügen, wenn durch Selbstkündigung während einer Elternteilzeit das Arbeitsverhältnis endet. Dabei haben sie ein Wahlrecht: Sie können sich die „Abfertigung neu" auszahlen lassen, den gesamten Betrag weiterhin in der Betrieblichen Vorsorgekasse stehen lassen oder an die neu zuständige Vorsorgekasse überweisen lassen.

Hinweis

Die Eltern müssen sich innerhalb von sechs Monaten nach Beendigung des Arbeitsverhältnisses schriftlich entscheiden, welche der Varianten sie wählen wollen. Diesbezüglich können sie sich im Detail bei ihrer Arbeiterkammer oder Gewerkschaft erkundigen. Treffen Eltern in dieser Zeit keine Wahl, dann wird das Geld in der Betrieblichen Vorsorgekasse weiter veranlagt.

Papamonat und Familienzeitbonus

Papamonat und Familienzeitbonus

- Was ist der Papamonat?
  Was ist der Familienzeitbonus (§ 1a VKG, § 3 FamZeitbG)?
- Wer hat Anspruch auf eine Freistellung (Papamonat)?
- In welchem Zeitraum und wie lange kann der Papamonat genutzt werden (§ 1a VKG)?
- Wann und wie muss der Papamonat dem/der AG gemeldet werden?
- Haben Väter einen Kündigungs- und Entlassungsschutz?
- Wird der Papamonat für dienstabhängige Ansprüche angerechnet?
- Sind Väter während des Papamonats kranken- und pensionsversichert?

Was ist beim Familienzeitbonus alles zu beachten?

- Was sind weitere Voraussetzungen für den Familienzeitbonus?

Was ist der Papamonat (§ 1a VKG)?
Was ist der Familienzeitbonus (§§ 2, 3 FamZeitbG)?

Der **Papamonat** ist das **Recht von Vätern auf Freistellung von der Arbeit** in der Dauer von einem Monat nach der Geburt ihres Kindes. Dieses Recht haben alle Väter, die in der Privatwirtschaft beschäftigt sind.

Während der Dauer der Freistellung muss der/die AG kein Entgelt bezahlen. In dieser Zeit können Väter aber unter bestimmten Voraussetzungen eine **Geldleistung** in Form des **Familienzeitbonus** in der Höhe von rund 700 Euro beziehen. Der Familienzeitbonus ist beim zuständigen Krankenversicherungsträger, z.B. ÖGK, eigens zu beantragen.

> **Hinweis**
> Auch gleichgeschlechtliche Eltern haben einen Anspruch auf eine Freistellung von der Arbeit und den Familienzeitbonus.

Wer hat Anspruch auf eine Freistellung (Papamonat)?

Die Regelung ist am 1. September 2019 in Kraft getreten. Sie gilt für Geburten, deren errechneter Geburtstermin frühestens drei Monate nach dem Inkrafttreten liegt, also für errechnete Geburtstermine seit 1. Dezember 2019. Das Recht auf den Papamonat haben Väter, wenn sie mit dem Kind in einem gemeinsamen Haushalt leben, und der Vater Meldefristen an den/die AG einhält.

Eine Mindestbeschäftigungsdauer im Unternehmen oder eine bestimmte Betriebsgröße sind hingegen für den Anspruch auf den Papamonat nicht erforderlich. Zu beachten sind aber die Voraussetzungen für den Familienzeitbonus. Die Geldleistung steht nämlich ua. nur dann zu, wenn der Vater vor Bezugsbeginn auch 182 Tage erwerbstätig war (siehe Anspruchsvoraussetzungen Familienzeitbonus).

In welchem Zeitraum und wie lange kann der Papamonat genutzt werden?

Der Vater kann den Papamonat in der **Dauer von einem Monat** im Zeitraum **von der Geburt bis zum Ende des Beschäftigungsverbotes der Mutter** in Anspruch nehmen. Der Papamonat kann frühestens mit dem auf die Geburt des Kindes folgenden Kalendertag beginnen. Das Beschäftigungsverbot nach der Geburt dauert in der Regel acht Wochen (siehe dazu Kapitel „Was ist das absolute Beschäftigungsverbot"). Sonstige Dienstverhinderungsgründe z.B. aus Anlass der Geburt bleiben unberührt.

Tipp

Das Ende des Beschäftigungsverbotes der Mutter ist auf der Mitteilung über die Dauer und Höhe des Wochengeldes ersichtlich.

Beispiel

- Das Kind kommt am 29. April 2020 zur Welt. Der Vater geht nach dem Krankenhausaufenthalt von Mutter und Kind von 4. Mai bis 3. Juni 2020 in den Papamonat.

Wann und wie muss der Papamonat dem/der AG gemeldet werden?

Beim Anspruch auf den Papamonat sind insgesamt **drei Meldezeitpunkte** vom Vater zu beachten:

1. **Vorankündigung:**
   Spätestens drei Monate – frühestens vier Monate – vor dem errechneten Geburtstermin muss der Vater den voraussichtlichen Beginn des Papamonats unter gleichzeitiger Bekanntgabe des voraussichtlichen Geburtstermins seinem/seiner AG ankündigen.

2. **Geburt des Kindes:**
   Der/die AG ist unverzüglich von der Geburt zu verständigen.

3. **Tatsächlicher Antrittszeitpunkt:**
   Spätestens eine Woche nach der Geburt ist der tatsächliche Antrittszeitpunkt dem/der AG bekannt zu geben.

Kann die Vorankündigung auf Grund einer Frühgeburt nicht erfolgen, dann muss der Vater dem/der AG die Geburt unverzüglich melden und den Antrittszeitpunkt des Papamonats spätestens eine Woche nach der Geburt bekannt geben.

Hinweis

Es ist darauf zu achten, dass die Meldungen beim/bei der AG rechtzeitig einlangen. Verabsäumt der Vater die Meldefristen, dann besteht kein Anspruch mehr auf Freistellung von der Arbeit. Der Papamonat kann dann nur mehr mit dem/der AG vereinbart werden.

Tipp

Musterbriefe für die Meldung des Papamonats stehen auf der Homepage der Arbeiterkammer unter Service/Musterbriefe zur Verfügung.

Haben Väter einen Kündigungs- und Entlassungsschutz?

Ja. Der Kündigungs- und Entlassungsschutz beginnt mit der Vorankündigung, in Papamonat gehen zu wollen, allerdings frühestens vier Monate vor dem errechneten Geburtstermin. Er endet vier Wochen nach dem Ende des Papamonats.

Wird ein Vater nach dem geschützten Zeitraum gekündigt, weil er im Papamonat war, dann liegt eine verbotene Diskriminierung vor. Eine derartige Kündigung kann nach dem Gleichbehandlungsgesetz bekämpft werden (siehe „Was kann eine Arbeitnehmerin gegen eine diskriminierende Beendigung tun?").

Tipp

Im Falle eine Kündigung können sich Väter an die Arbeiterkammer oder Fachgewerkschaft wenden. Sie beraten und unterstützen Betroffene.

Wird der Papamonat für dienstabhängige Ansprüche angerechnet?

Ja. Der Monat muss für Ansprüche, die sich nach der Dauer der Dienstzeit richten, berücksichtigt werden – z.B. für die Dauer der Entgeltfortzahlung, das Urlaubsausmaß oder Vorrückungen im Lohn- und Gehaltsschema.

Der laufende Urlaubsanspruch und die Sonderzahlungen wie Urlaubs- und Weihnachtsgeld dürfen allerdings lt Gesetz aliquotiert werden.

Sind Väter während des Papamonats kranken- und pensionsversichert?

Sofern ein Anspruch auf Familienzeitbonus besteht, sind Väter während des Papamonats auch kranken-und pensionsversichert. Während des Bezugs vom Familienzeitbonus muss der Vater seine Erwerbstätigkeit unterbrechen. Er darf in dieser Zeit weder einen Verdienst noch eine Krankenstandsleistung oder ein Urlaubsentgelt beziehen

Was ist beim Familienzeitbonus alles zu beachten?

Erwerbstätige Väter können während des Papamonats (Freistellung von der Arbeit) den **Familienzeitbonus** in der Höhe von täglich 22,60 Euro beziehen. Das sind rund 700 Euro für einen Monat. Der Betrag wird allerdings bei einem späteren Bezug von Kinderbetreuungsgeld vom Anspruch des Vaters wieder abgezogen

Um die Geldleistung beziehen zu können, müssen Väter einiges beachten, denn der Papamonat und der Familienzeitbonus sind an unterschiedliche Voraussetzungen geknüpft:

1. **Antragsstellung:**

   Der Familienzeitbonus muss eigens bei dem zuständigen Krankenversicherungsträger, z.B. ÖGK, beantragt werden. Hier ist auch eine Frist zu beachten: binnen 91 Tage ab der Geburt ist der Antrag zu stellen.

   ### Achtung
   Der Familienzeitbonus darf in der Regel erst beantragt werden, wenn Mutter und Kind aus dem Krankenhaus entlassen sind. Denn die Krankenhaustage werden nicht als gemeinsamer Haushalt betrachtet (siehe auch „Was sind die weiteren Voraussetzungen für den Familienzeitbonus?")

2. **Planung Papamonat und Familienzeitbonus:**

   Bei der Planung des Papamonats und der Festlegung der Bezugstage des Familienzeitbonus müssen beide Ansprüche exakt aufeinander abgestimmt werden, damit ein Anspruch auf den Familienzeitbonus besteht. Der Familienzeitbonus kann an 28, 29, 30 oder 31 aufeinanderfolgenden Kalendertagen bezogen werden, wobei alle Bezugstage innerhalb von 91 Tagen ab der Geburt des Kindes liegen müssen. Da der Papamonat (Freistellung) aber nur innerhalb des Beschäftigungsverbotes der Mutter in der Dauer eines Monats in Anspruch genommen werden kann, ist bei der Planung der Festlegung der Bezugstage des Familienzeitbonus darauf zu achten, dass sie mit dem Zeitraum des Papamonats Tag genau übereinstimmen.

Beispiel

- Tobias kommt am 29. April 2020 zur Welt. Sein Vater geht nach dem Krankenhausaufenthalt von Mutter und Kind von 4. Mai bis 3. Juni 2020 (innerhalb des Beschäftigungsverbotes der Mutter) in den Papamonat. Für den exakt gleichen Zeitraum (31 Tage) beantragt er den Familienzeitbonus bei der ÖGK.

Hinweis

Anspruch auf den Familienzeitbonus haben leibliche Väter, Adoptiv- oder Dauerpflegeelternteile und gleichgeschlechtliche Elternteile. Unter Dauerpflege versteht man eine auf Dauer angelegte, nicht bloß kurzfristige Inpflegenahme eines Neugeborenen durch den Elternteil. Krisenpflegeväter sind daher mangels einer Dauerpflege nicht anspruchsberechtigt.

Was sind weitere Voraussetzungen für den Familienzeitbonus?

Väter, die sich im Papamonat (Freistellung von der Arbeit) befinden, haben einen Anspruch auf Familienzeitbonus, wenn sie folgende weiteren Voraussetzungen erfüllen:

- **Bezug von Familienbeihilfe:**
  Für das Kind muss Familienbeihilfe tatsächlich bezogen werden.

- **Lebensmittelpunkt der Familie in Österreich:**
  Der Vater, das Kind und die Mutter müssen gemeinsam den Mittelpunkt ihrer Lebensinteressen in Österreich haben.

- **Gemeinsamer Haushalt der Familie:**
  Der Vater muss mit der Mutter und dem Kind einen gemeinsamen Haushalt haben und dort auch leben. Alle drei müssen an dieser Adresse ihren gemeldeten Hauptwohnsitz haben. Wird auch nur eine der Voraussetzungen bei einem der drei Familienmitglieder (Mutter-Vater- Kind) nicht erfüllt, so besteht kein Anspruch auf den Familienzeitbonus.

- **182 Tage Erwerbstätigkeit:**
  Der Vater muss durchgehend 182 Tage (sechs Monate) vor Bezugsbeginn des Familienzeitbonus kranken- und pensionsversicherungspflichtig tatsächlich erwerbstätig sein und darf keine Leistungen aus der Arbeitslosenversicherung beziehen. Unterbrechungen von 14 Tagen im Beobachtungszeitraum (182 Tage) schaden allerdings nicht. Bei der 182-Tage-Frist erfolgt eine Rückrechnung von 182 Tagen ab dem Bezugsbeginn, wobei der Tag vor dem Bezugsbeginn den ersten Tag der Frist darstellt.

Beispiel

- Der Vater von Thomas (geboren am 23. Februar 2020) beginnt mit Papamonat und dem Bezug des Familienzeitbonus am 5. März 2020, daher stellt der 4. März 2020 den ersten Tag der 182-Tage-Frist dar. Sie endet somit mit Ablauf des 4. September 2019. Der Vater muss daher während des Zeitraumes von 4. September 2019 bis einschließlich 4. März 2020 die kranken- und pensionsversicherungspflichtige Beschäftigung in Österreich tatsächlich ausgeübt haben.

Achtung

Innerhalb der 182 Tage unmittelbar vor Bezugsbeginn darf keine Leistung aus der Arbeitslosenversicherung, wie z.B. Arbeitslosengeld, Notstandshilfe oder Weiterbildungsgeld bezogen werden. Ansonsten besteht kein Anspruch auf Familienzeitbonus.

- **Unterbrechung der Erwerbstätigkeit:**
  Während des Bezugs vom Familienzeitbonus muss der Vater seine Erwerbstätigkeit unterbrechen, also den Rechtsanspruch für einen Papamonat nutzen. Er darf in dieser Zeit weder einen Verdienst noch eine Krankenstandsleistung oder ein Urlaubsentgelt beziehen. Nach dem Papamonat und Bezug des Familienzeitbonus ist die Erwerbstätigkeit wieder aufzunehmen.

Achtung

Die Erwerbstätigkeit gilt nicht als ruhend gestellt,

- wenn während der Familienzeit Leistungen aus der Arbeitslosenversicherung bezogen werden. Darunter fallen die Bezüge von Arbeitslosengeld, Notstandshilfe, Pensionsvorschuss, Übergangsgeld, Umschulungsgeld und Weiterbildungsgeld sowie der Bezug von Bildungsteilzeitgeld, Altersteilzeitgeld und Teilpension;

- wenn während der Familienzeit Geldleistungen aus der Krankenversicherung bezogen bzw. wenn ein Anspruch auf Entgeltfortzahlung im Krankheitsfall besteht. Es darf kein Krankengeld, kein „Rehabgeld" oder Ähnliches bezogen werden.

- **Niederlassungs- und Aufenthaltsberechtigung:**
  Bei nichtösterreichischen Staatsbürger/innen muss zusätzlich ein rechtmäßiger Aufenthaltstitel nach dem Niederlassungs- und Aufenthaltsgesetz vorliegen.

Tipp

Der KBG-Online-Rechner zum Familienzeitbonus unterstützt Eltern bei der Gestaltung des Familienzeitbonus.

Der Link zum Familienzeitbonus Online-Rechner steht auf der Homepage des Bundesministeriums für Arbeit, Familie und Jugend zur Verfügung.

Zusammengefasst
Was beim Papamonat und dem Familienzeitbonus alles zu beachten ist?

- Erwerbstätige Väter haben ein Recht auf einen Papamonat (= Freistellung von der Arbeit) in der Dauer von einem Monat nach der Geburt ihres Kindes.

- Die Voraussetzungen für den Papamonat sind: der Vater muss mit dem Kind in einem gemeinsamen Haushalt leben und Meldefristen an den/die AG einhalten.

- Väter haben auch einen Kündigungs- und Entlassungsschutz: er beginnt mit der Vorankündigung, den Papamonat nutzen zu wollen – allerdings frühestens vier Monate vor dem errechneten Geburtstermin des Kindes. Der Schutz endet vier Wochen nach dem Ende des Papamonats. Wird eine Kündigung wegen der (beabsichtigten) Inanspruchnahme des Papamonats im nicht geschützten Zeitraum ausgesprochen, dann kann diese nach dem Gleichbehandlungsgesetz bekämpft werden.

- Während des Papamonats können Väter unter bestimmten Voraussetzungen eine Geldleistung – den Familienzeitbonus – in der Höhe von rund 700 Euro für einen Monat beziehen. Der Familienzeitbonus muss eigens beim zuständigen Krankenversicherungsträger, z.B. ÖGK, beantragt werden. Er kann an 28, 29, 30, 31 aufeinanderfolgenden Kalendertagen bezogen werden.

- Der Familienzeitbonus kann nicht zusätzlich zum Kinderbetreuungsgeld bezogen werden. Nimmt der Vater das Kinderbetreuungsgeld später in Anspruch, dann wird dieses um den Familienzeitbonus vermindert.

- Achtung bei der Planung des Papamonat und des Familienzeitbonus: Bei der Planung des Papamonats und der Festlegung der Bezugstage des Familienzeitbonus müssen beide Ansprüche exakt aufeinander abgestimmt werden, damit ein Anspruch auf den Familienzeitbonus besteht. Die Bezugsdauer des Familienzeitbonus muss daher auf den Tag genau mit dem Zeitraum des Papamonats übereinstimmen.

- Der Familienzeitbonus ist zudem an einige Voraussetzungen geknüpft: so muss etwa der Vater, das Kind und die Mutter in einem gemeinsamen Haushalt leben, der Vater muss während des Bezuges seine Erwerbstätigkeit unterbrechen, also den Papamonat nutzen, der Vater muss in den letzten 182 Tagen unmittelbar vor Bezugsbeginn durchgehend eine in Österreich kranken- und pensionsversicherungspflichtige Erwerbstätigkeit tatsächlich ausgeübt haben, ...

- Während der Bezuges dürfen keine Leistungen aus der Krankenversicherung sowie aus der Arbeitslosenversicherung und auch keine Entgeltfortzahlungen vom/von der AG bezogen werden.

- Unmittelbar nach der Familienzeit muss die Arbeit wieder aufgenommen werden.

Kinder-
betreuungs-
geld

Kinderbetreuungsgeld

- Welche Kinderbetreuungsgeldmodelle stehen zur Wahl?
- Welche Voraussetzungen müssen Eltern erfüllen
  (§ 2 KBGG)?
- Beginn und Ende des Bezuges von Kinderbetreuungsgeld
  (§§ 3, 4 KBGG)
- Kinderbetreuungsgeld-KONTO
  (§ 2 KBGG)
- Wer hat Anspruch auf das einkommensabhängige
  Kinderbetreuungsgeld
  (§ 24 KBGG)?

Welche Kinderbetreuungsgeldmodelle stehen zur Wahl?

Eltern, deren Kinder ab dem 1. März 2017 geboren wurden, haben Anspruch auf Kinderbetreuungsgeld, wenn sie bestimmte Voraussetzungen erfüllen.

Eltern können zwischen **zwei Modellen** wählen: dem **Kinderbetreuungsgeld als Konto** (siehe dazu „Kinderbetreuungsgeld-KONTO") und dem **einkommensabhängigen Kinderbetreuungsgeld** (siehe dazu „Einkommensabhängiges Kinderbetreuungsgeld").

Das Kinderbetreuungsgeld-KONTO kann flexibel genützt werden, das einkommensabhängige Kinderbetreuungsgeld ersetzt für einen kurzen Zeitraum 80% des vorherigen Einkommens, maximal jedoch € 66 pro Tag.

Als Elternteile gelten neben den leiblichen Eltern (Vater und Mutter) auch Adoptiv- und Pflegeeltern sowie gleichgeschlechtliche Paare.

Welche Voraussetzungen müssen Eltern erfüllen (§ 2 KBGG)?

- Anspruch und tatsächlicher Bezug der Familienbeihilfe;
- bestehender gemeinsamer Haushalt zwischen dem beziehenden Elternteil und dem Kind jeweils als Hauptwohnsitz;
- bei getrennt lebenden Eltern: Der getrennt lebende Elternteil muss zusätzlich die Obsorge für das Kind haben und die Familienbeihilfe selbst beziehen;
- das Gesamteinkommen des beziehenden Elternteils im Kalenderjahr darf nicht über einer bestimmten Zuverdienstgrenze liegen;
- der Mittelpunkt der Lebensinteressen des beziehenden Elternteils und des Kindes muss in Österreich gegeben sein;
- für nicht österreichische Staatsbürger muss ein rechtmäßiger Aufenthaltstitel vorliegen;
- Durchführung und rechtzeitige Nachweis der Mutter-Kind-Pass-Untersuchungen.

Bezug von Familienbeihilfe

Um den Anspruch auf Kinderbetreuungsgeld zu haben, muss der beziehende Elternteil für sein Kind einen Anspruch auf Familienbeihilfe haben und für dieses Kind auch tatsächlich beziehen.

Einen Anspruch auf Familienbeihilfe haben Personen, die im Bundesgebiet einen Wohnsitz oder ihren gewöhnlichen Aufenthalt haben; der Anspruch auf Kinderbetreuungsgeld wird vom Anspruch auf Familienbeihilfe abgeleitet.

Gemeinsamer Haushalt mit dem Kind

Unter dem Begriff „gemeinsamer Haushalt" ist eine Wohn- und Wirtschaftsgemeinschaft zu verstehen. Der Elternteil, der Kinderbetreuungsgeld beziehen möchte, muss mit dem Kind in einer dauerhaften Wohn- und Wirtschaftsgemeinschaft von zumindest 91 Tagen an derselben Wohnadresse leben.

Achtung

In der Regel gilt: Bei mehr als 91-tägiger tatsächlicher oder voraussichtlicher Dauer einer Abwesenheit des Elternteils oder des Kindes gilt der gemeinsame Haushalt als aufgelöst.

Eine Ausnahme ist ein Krankenhausaufenthalt des Kindes: Ist das Kind länger als 91 Tage im Krankenhaus, dann besteht der gemeinsame Haushalt weiter, sofern der beziehende Elternteil persönliche die Pflege und Betreuung im Mindestausmaß von durchschnittlich vier Stunden täglich übernimmt.

Achtung

Der Elternteil, welcher Kinderbetreuungsgeld beziehen will, muss nicht nur in einem gemeinsamen Haushalt mit dem Kind leben, sondern auch mit diesem dort mit Hauptwohnsitz gemeldet sein.

Getrennt lebende Elternteile

Leben die Eltern getrennt, so muss der Elternteil, der Kinderbetreuungsgeld beziehen möchte,

- die Obsorge für das Kind haben,
- mit dem Kind im gemeinsamen Haushalt leben und
- Anspruch auf Familienbeihilfe haben und diese auch tatsächlich beziehen.

Beispiel

- Der Vater von Lukas (geboren am 27. Februar 2019) lebt von dessen Mutter getrennt. Damit er das Kinderbetreuungsgeld für Lukas beziehen kann, muss er obsorgeberechtigt sein, mit Lukas im gemeinsamen Haushalt leben und auch selbst die Familienbeihilfe für die Dauer des Kinderbetreuungsgeldbezuges beziehen.

Überblick: Einhaltung der Zuverdienstgrenzen

Die Zuverdienstgrenzen sind unterschiedlich, und zwar je nach dem beantragten Kinderbetreuungsgeldmodell.

- Beim einkommensabhängigen Kinderbetreuungsgeld beträgt die jährliche Zuverdienstgrenze € 7.300.
- Beim Kinderbetreuungsgeld-KONTO beträgt der jährliche Grenzbetrag € 16.200.

Genaueres ist beim einkommensabhängigen Kinderbetreuungsgeld sowie beim Kinderbetreuungsgeld-KONTO zu finden.

Achtung

Bei Überschreitung der Zuverdienstgrenze wird das Kinderbetreuungsgeld um den Überschreitungsbetrag rückgefordert.

Mittelpunkt der Lebensinteressen in Österreich

Ob der Mittelpunkt der Lebensinteressen in Österreich liegt, hängt von den persönlichen und wirtschaftlichen Beziehungen der Eltern zu Österreich ab.

Der Mittelpunkt der Lebensinteressen in Österreich ist dann anzunehmen, wenn sich die Mutter bzw. der Vater ständig in Österreich aufhält und sich aus der Gesamtabwägung aller Umstände ergibt, dass zu Österreich die engeren persönlichen und wirtschaftlichen Beziehungen bestehen, als zu einem anderen Staat.

Für die wirtschaftlichen Beziehungen ist insbesondere die Höhe der in diesem Land erzielten Einkünfte von Bedeutung.

Hat ein Elternteil den Mittelpunkt seiner Lebensinteressen in Österreich, der andere jedoch in einem anderen Land innerhalb der EU, so stellt sich die Frage, welcher Elternteil Anspruch auf Familienbeihilfe und Kinderbetreuungsgeld hat und welches Land in diesem Fall für die Auszahlung der Familienleistungen zuständig ist.

Liegt so eine Fallkonstellation vor, so muss Folgendes geprüft werden:

- **Beschäftigungslandprinzip**
  In welchem EU-Mitgliedstaat liegt eine Beschäftigung vor?

  Beispiel 1
  - Der Vater arbeitet in Deutschland, die Familie wohnt in Österreich. Die Mutter hat kein Arbeitsverhältnis in Österreich. In diesem Fall hat der Vater den Anspruch aufgrund seiner Erwerbstätigkeit auf das Elterngeld in Deutschland.

    Die Mutter hingegen hat aufgrund ihres und des Kindes Wohnsitzes in Österreich einen Anspruch auf die Ausgleichzahlungen (Differenzbetrag) in Österreich, wenn die Höhe der Familienleistungen in Deutschland niedriger ist als jene in Österreich.

    Deutschland ist in diesem Fall vorrangig zuständig.

- **Wohnortprinzip**
  In welchem EU-Mitgliedstaat hält sich das Kind ständig auf?

Beispiel 2

- Lebt die Familie mit Kind in Österreich und gehen beide Elternteile, sowohl der Vater in Deutschland als auch die Mutter in Österreich arbeiten, so ist Österreich in diesem Fall vorrangig für die Auszahlung zuständig, da der tatsächliche Wohnsitz des Kindes in Österreich liegt. Deutschland gewährt eventuell Ausgleichszahlungen.

Rechtmäßiger Aufenthalt

Für den Anspruch auf das Kinderbetreuungsgeld müssen die erteilten Aufenthaltsberechtigungen von drittstaatsangehörigen Eltern und deren drittstaatsangehörigen Kindern nach dem Niederlassungs- und Aufenthaltsgesetz nachgewiesen werden.

Achtung

Die Anspruchsvoraussetzungen für das Kinderbetreuungsgeld müssen während der gesamten Gültigkeitsdauer des betreffenden Aufenthaltstitels erfüllt sein.

Entsteht eine Lücke zwischen Ablauf und Verlängerung des Aufenthaltstitels, so gebührt für die Dauer der Lücke kein Kinderbetreuungsgeld.

Tipp

Bei Problemen im Zusammenhang mit der Beantragung oder Auszahlung der Familienleistungen in einem anderen Land, können sich Eltern kostenlos an SOLVIT wenden.

Link zu SOLVIT:

http://ec.europa.eu/solvit/what-is-solvit/index_de.htm

Beginn und Ende des Bezuges von Kinderbetreuungsgeld

Wie und wo ist ein Antrag auf Kinderbetreuungsgeld zu stellen?

Das Kinderbetreuungsgeld kann nur auf Antrag bezogen werden. Der Antrag muss beim Krankenversicherungsträger, z.B. ÖGK, von dem auch Wochengeld bezogen wurde, gestellt werden.

Wechseln sich die Eltern mit dem Kinderbetreuungsgeldbezug ab, so muss der zweite Elternteil einen eigenen Antrag bei seinem zuständigen Krankenversicherungsträger stellen.

Tipp

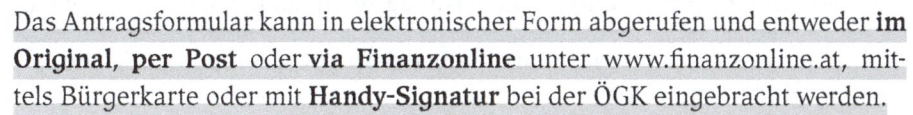

Das Antragsformular kann in elektronischer Form abgerufen und entweder **im Original, per Post** oder **via Finanzonline** unter www.finanzonline.at, mittels Bürgerkarte oder mit **Handy-Signatur** bei der ÖGK eingebracht werden.

Der Krankenversicherungsträger muss auf Verlangen des/der Antragstellers/in das Einlangen des Antrages bestätigen.

Eine Änderung des bei der ersten Antragstellung gewählten Kinderbetreuungsgeldmodells ist nur innerhalb von 14 Kalendertagen nach der erstmaligen Antragstellung möglich. Danach ist ein Umstieg nicht mehr vorgesehen, d.h., das gewählte Kinderbetreuungsgeldmodell ist bei der erstmaligen Antragstellung bindend und gilt auch für den zweiten Elternteil.

Beginn des Bezuges von Kinderbetreuungsgeld

Der Bezug des Kinderbetreuungsgeldes kann frühestens ab dem Tag der Geburt beginnen. Bei Pflege- oder Adoptiveltern gilt dies ab dem Tag der Übernahme in Pflege bzw. ab dem Tag der Adoption.

Bei verspäteter Antragstellung und dem Vorliegen aller anderen Voraussetzungen kann das Kinderbetreuungsgeld 182 Tage (sechs Monate) ab der Antragstellung rückwirkend ausbezahlt werden.

Beispiel

- Die Mutter von Alex (geboren am 4. Jänner 2019) stellt erst am 5. Oktober 2019 den Antrag auf Kinderbetreuungsgeld. Vom 5. Oktober an für 182 Tage rückwirkend gerechnet, kann sie daher bis zum 7. April 2019 das Kinderbetreuungsgeld rückwirkend beziehen, da sie für den gesamten Bezugszeitraum die weiteren Voraussetzungen erfüllt.

Ende des Bezuges

Der Anspruch auf Kinderbetreuungsgeld endet mit Ablauf des letzten Tages der beantragten Dauer, spätestens jedoch nach dem Ablauf der gesetzlich festgelegten Höchstanspruchsdauer. Höchstmögliche Dauer hängt von der gewählten Kinderbetreuungsgeld-Variante ab.

Die Eltern können auf das Kinderbetreuungsgeld vorübergehend verzichten oder dessen Bezug auch durch eine gesonderte Meldung vorzeitig beenden.

Während eines Verzichtszeitraumes kann der andere Elternteil das Kinderbetreuungsgeld nicht beziehen.

Ein neuerlicher Bezug nach einem Verzicht ist möglich. In diesem Fall muss ein neuer Antrag nach Ablauf von mindestens einem Kalendermonat gestellt werden. Der Beendigungszeitpunkt muss dabei im Vorhinein bekanntgegeben werden.

Beispiel

- Die Mutter von Laura (geboren am 4. Juni 2019) entscheidet sich für eine Bezugsdauer bis zum 3. Juni 2020. Sie gibt bei ihrem zuständigen Krankenversicherungsträger Anfang Jänner 2020 bekannt, dass sie ihren Kinderbetreuungsgeldanspruch mit 1. Februar 2020 vorzeitig beenden will. Trotzdem kann sie ab 1. März 2020 einen neuen Antrag auf Kinderbetreuungsgeld stellen und dieses bis zum 3. Juni 2020 weiter beziehen.

Achtung

Mit der Geburt eines weiteren Kindes endet der Anspruch auf Kinderbetreuungsgeld für beide Elternteile.

Kinderbetreuungsgeld-KONTO

Das Kinderbetreuungsgeld-KONTO erhalten Eltern unabhängig von einer vor der Geburt des Kindes ausgeübten Erwerbstätigkeit. Es bietet Eltern viele Möglichkeiten hinsichtlich der Dauer des Bezuges. Und es lässt sich zudem mit der arbeitsrechtlichen Karenz kombinieren. Wieviel Geld Mütter bzw. Väter beim Konto erhalten, hängt davon ab, wie lange das Kinderbetreuungsgeld bezogen wird. Es gilt folgende Grundregel beim Konto: Je länger der Bezug, desto geringer der Tagesbetrag, je kürzer der Bezug desto höher ist der Tagesbetrag (siehe Höhe des Kinderbetreuungsgeld-KONTOs). Der Anspruch auf das Kinderbetreuungsgeld-KONTO ist jedenfalls gegeben, wenn die zuvor angeführten Voraussetzungen vorliegen, wie Anspruch auf Familienbeihilfe, Einhaltung der Zuverdienstgrenzen, Durchführung und der rechtzeitige Nachweis der Mutter-Kind-Pass-Untersuchungen etc.

Bei getrennt lebenden Eltern muss, wie eingangs beschrieben, der antragstellende Elternteil, der mit dem Kind im gemeinsamen Haushalt lebt, zusätzlich obsorgeberechtigt sein und die sonstigen Anspruchsvoraussetzungen in eigener Person erfüllen.

Wie lang kann das Kinderbetreuungsgeld-KONTO bezogen werden

Die Höchstdauer des Anspruchs auf Kinderbetreuungsgeld hängt immer davon ab, ob nur ein Elternteil Kinderbetreuungsgeld beansprucht oder ob beide Elternteile abwechselnd beziehen. Mit der Wahl der Anspruchsdauer bei der Antragstellung wählt man automatisch auch den Tagsatz; diese Wahl bindet auch den anderen Elternteil.

Grundmodell

Bezieht nur ein Elternteil Kinderbetreuungsgeld, so endet dieses mit Vollendung des ersten Lebensjahres des Kindes, d.h., am 365. Tag ab dem Tag der Geburt des Kindes. Das Kind ist sodann ein Jahr alt.

- Beim Grundmodell sind 91 Tage für den zweiten Elternteil reserviert.
- Beansprucht auch der andere Elternteil für mindestens 91 Tage Kinderbetreuungsgeld, so endet dieses am 456. Tag ab dem Tag der Geburt des Kindes. Das Kind ist sodann ein Jahr und drei Monate alt.

Flexibles Modell

- Nimmt nur ein Elternteil Kinderbetreuungsgeld in Anspruch, so kann die Anspruchsdauer **zwischen 365 und 851 Tage**, gezählt ab dem Tag der Geburt, gewählt werden.
- Wechseln sich die Eltern ab, so verlängert sich die Anspruchsdauer auf 456 bis 1.063 Tage.

Wie hoch sind die Tagesbeträge beim Kinderbetreuungsgeld-KONTO?

Das Kinderbetreuungsgeld beträgt zwischen € 33,88 und € 14,53 täglich (das sind rund € 1.050 bis ca. € 450 monatlich).

Im Grundmodell mit 365 Tagen ab dem Tag der Geburt (dieser wird mit eingerechnet), beträgt der Höchstbetrag € 33,88 täglich.

Achtung

Eine Mindestdauer des Bezuges ist immer zu beachten!

Das Kinderbetreuungsgeld kann nur in Blöcken von mindestens 61 Tagen beansprucht werden. Auch bei Teilung des Bezuges zwischen den Eltern, muss jeder Bezugsteil immer zumindest ununterbrochen 61 Tage betragen.

Der Bezug verlängert sich nur um jenen Zeitraum, für welchen der zweite Elternteil tatsächlich Kinderbetreuungsgeld bezogen hat (mindestens 61 ununterbrochene Tage).

Wie können sich Eltern das Kinderbetreuungsgeld-KONTO aufteilen?

Jedem Elternteil ist eine Anspruchsdauer von 20 % der Gesamtdauer unübertragbar vorbehalten. Im Grundmodell sind dies 91, im längsten Modell 212 Tage. Jeder Bezugsblock jedes Elternteils muss immer mindestens 61 ununterbrochene Tage betragen.

Im Grundmodell (365 + 91) beträgt die Anspruchsdauer für beide Elternteile 456 Tage ab dem Tag der Geburt, wobei 91 Tage (20 %) unübertragbar für den anderen Elternteil reserviert sind.

Bei der längsten Anspruchsdauer von 851 Tagen ab der Geburt, beträgt der reservierte Anteil des anderen Elternteils 212 Tage (20 % von 1.063 = 851 + 212 Tage).

Hinweis

Je länger die gewählte Anspruchsdauer ist, desto länger ist der reservierte Anteil des anderen Elternteils (20 %). Nimmt der zweite Elternteil den reservierten Teil nicht in Anspruch, dann verfällt er.

Beispiel

- Die Mutter von Laura (geboren am 7. Oktober 2019) will bis zur Vollendung des zweiten Lebensjahres ihrer Tochter, also 731 Tage ab der Geburt, das Kinderbetreuungsgeld beziehen. Sie erhält € 16,92 pro Kalendertag bzw. ca. € 508 pro Monat.

Die Eltern können sich beim Kinderbetreuungsgeldbezug höchstens zweimal abwechseln, es können sich daher maximal drei Bezugsteile ergeben. Jeder Bezugsteil muss mindestens 61 Tage dauern (Mindestdauer).

Mutter – Vater – Mutter
Vater – Mutter – Vater

Beispiel

- Die Eltern von Laura (geboren am 7. Oktober 2019) entscheiden sich für die Teilung des Kinderbetreuungsgeldes für die Dauer von insgesamt 731 Tagen, folglich bis einschließlich 6. Oktober 2021 (bis zur Vollendung des zweiten Lebensjahres des Kindes).

  1. Die Mutter bezieht Wochengeld bis 2. Dezember 2019; im Anschluss bezieht sie Kinderbetreuungsgeld bis zum 14. März 2021 (für 525 Tage).

  2. Der Vater beantragt Kinderbetreuungsgeld für 145 Tage (20 % von 731 Tagen), also von 15. März 2021 bis 6. August 2021.

  3. Die Mutter kann wieder von 7. August 2021 bis 6. Oktober 2021 (für 61 Tage) Kinderbetreuungsgeld beziehen.

Tritt während des dritten Bezugsteiles ein **unvorhersehbares, unabwendbares Ereignis** ein, das den Elternteil am Kinderbetreuungsgeldbezug verhindert, so kann ein dritter Wechsel erfolgen.

Ein unvorhersehbares, unabwendbares Ereignis ist der Tod des Elternteils, der Aufenthalt des Elternteils in einer Heil- und Pflegeanstalt, die gerichtlich oder behördlich festgestellte häusliche Gewalt, ein Aufenthalt im Frauenhaus aufgrund häuslicher Gewalt, die Verbüßung einer Freiheitsstrafe sowie eine anderweitige, auf gerichtlicher oder behördlicher Anordnung beruhende Anhaltung.

Achtung

Die Höchstdauer des Kinderbetreuungsgeldbezuges wird um die Verhinderungstage verlängert, höchstens jedoch um 91 Tage. Hat der verhinderte Elternteil schon Kinderbetreuungsgeld bezogen, so werden diese Tage von den maximalen 91 Tagen abgezogen.

Tipp

- **Rechner für das KBG-Konto**
  Um die individuelle Höhe des Tagsatzes des Kinderbetreuungsgeldes zu erfahren, können Eltern den Online-Rechner des Bundesministeriums für Arbeit, Familie und Jugend ausprobieren.

Können Eltern das Kinderbetreuungsgeld-KONTO gleichzeitig beziehen?

Beim erstmaligen Bezugswechsel der Eltern können sie das Kinderbetreuungsgeld-KONTO gleichzeitig bis zu 31 Tage beziehen.

Der Tagsatz ist bei Mutter und Vater immer derselbe und ergibt sich aus der gewählten Anspruchsdauer des erstantragstellenden Elternteils.

Achtung

Gleichzeitig bezogenen Tage werden von der Gesamtanspruchsdauer abgezogen.

Beispiel

- Die Eltern von Max (geboren am 20. November 2019) entscheiden sich für die Teilung des Kinderbetreuungsgeldbezuges 365 + 91 Tage mit einem gleichzeitigen Bezug von 31 Tagen.

  Die Mutter bezieht das Kinderbetreuungsgeld bis 18. November 2020.

  Der Vater beginnt mit seinem Bezug 31 Tage vor dem Ende des Bezuges der Mutter, um einen gleichzeitigen Bezug mit ihr zu haben.

  Der Vater bezieht Kinderbetreuungsgeld von 19. Oktober 2020 bis 17. Jänner 2021 (91 Tage).

  Mutter und Vater beziehen von 19. Oktober bis 18. November 2020 gleichzeitig das Kinderbetreuungsgeld, daher endet der Anspruch des Vaters am 17. Jänner 2021.

Was ist der Partnerschaftsbonus?

Teilen die Eltern das Kinderbetreuungsgeld für dasselbe Kind zu annähernd gleichen Teilen, so gebührt jedem Elternteil nach Ende des Anspruchszeitraumes auf Antrag ein Partnerschaftsbonus.

Es muss eine Aufteilung zwischen den Eltern vorliegen, wobei Zeiten eines gleichzeitigen Bezuges für jeden Elternteil gezählt werden.

Die Partnerschaftsaufteilung muss innerhalb einer Bandbreite im Verhältnis von 50:50 bis 60:40 liegen.

Jeder Elternteil muss mindestens 124 Tage tatsächlich und rechtmäßig Kinderbetreuungsgeld bezogen haben.

Nur tatsächliche und rechtmäßige Bezugszeiten werden einbezogen, Zeiten eines Verzichts, die Ruhenszeiträume und andere Zeiten ohne Kinderbetreuungsgeldbezug wirken sich daher nicht aus.

Ruht das Kinderbetreuungsgeld während des Wochengeldbezuges zur Gänze, so zählen diese Tage ebenso nicht.

Der Partnerschaftsbonus beträgt einmalig € 500 pro Elternteil und muss beantragt werden. Der Antrag ist spätestens binnen 124 Tagen ab dem Ende des letzten Bezugsteiles beim Krankenversicherungsträger, z.B. ÖGK, zu stellen.

Wann ruht das Kinderbetreuungsgeld-KONTO?

Während des Anspruchs auf Wochengeld der Mutter ruht das Kinderbetreuungsgeld (der gewählte Tagsatz) in der Höhe des Wochengeldes.

Ist das Wochengeld niedriger als das Kinderbetreuungsgeld, so wird die Differenz zum Kinderbetreuungsgeld ausbezahlt.

Achtung

Das Ruhen des Kinderbetreuungsgeldes während des Wochengeldbezuges der Mutter gilt für den Vater nach der Geburt. Es kommt nicht zu einer Verlängerung der gewählten Kinderbetreuungsgeld-Anspruchsdauer, wenn das Kinderbetreuungsgeld in voller Höhe des Wochengeldes ruht.

Beispiel

- Die Mutter von Lukas (geboren am 14. März 2019) bezieht Wochengeld bis 9. Mai 2019 in der Höhe von € 30 täglich. Sie beantragt das Kinderbetreuungsgeld-KONTO für die Dauer von 365 Tagen ab der Geburt. Ihr tägliches Kinderbetreuungsgeld beträgt daher € 33,88.

Das Wochengeld ist niedriger als das Kinderbetreuungsgeld, daher erhält sie ab 14. März 2019 bis zum 9. Mai 2019 zusätzlich zu ihrem Wochengeld ein tägliches Kinderbetreuungsgeld in der Höhe von € 3,88 (Differenzbetrag zu € 33,88).

Kann die bereits gewählte Anspruchsdauer verändert werden?

Ja. Eine Änderung der bereits gewählten Anspruchsdauer ist nur im laufenden Bezug möglich.

Die ursprünglich gewählte Anspruchsdauer kann **einmal pro Kind** geändert werden. Die Änderung muss spätestens am 91. Tag vor Ablauf der ursprünglich gewählten Anspruchsdauer erfolgen und bindet den anderen Elternteil. Die Eltern werden dabei so gestellt, als hätten sie von Anfang an diese geänderte Dauer beantragt.

Achtung bei Änderung der Anspruchsdauer

Die Neubemessung des Tagsatzes kann zu einer Nach- oder Rückzahlung führen.

Hat der andere Elternteil bereits Kinderbetreuungsgeld bezogen, so muss er einer Änderung zustimmen und im Falle einer Rückzahlungsverpflichtung ebenfalls den zu viel bezogenen Betrag zurückzahlen. Die Änderung wird erst dadurch wirksam.

Beispiel
- Die Mutter von Mark (geboren am 20. November 2019), beantragt Kinderbetreuungsgeld für 730 Tage ab der Geburt. Nach 400 Tagen kann sie eine Änderung (Verkürzung) auf 600 Tage beantragen. In diesem Fall kommt es zu einer Rückzahlung des bereits erhaltenden Kinderbetreuungsgeldes und danach zu einer Neuberechnung des Tagsatzes.

Gibt es eine Härtefallregelung für Alleinerziehende?

Ja. Ist ein Elternteil alleinstehend, so verlängert sich sein Kinderbetreuungsgeldbezug auf Antrag maximal um 91 Tage.

Ein Elternteil ist alleinstehend, wenn er ledig, geschieden oder verwitwet ist und nicht mit dem anderen Elternteil an derselben Adresse tatsächlich wohnt und auch dort nicht gemeldet ist.

Es ist erforderlich, dass der alleinstehende Elternteil einen Antrag auf Festsetzung des Unterhaltes für das Kind bei Gericht gestellt hat. Es muss noch keine tatsächliche Unterhaltsleistung für das Kind erfolgen. Der vom Gericht vorläufig zugesprochene Unterhalt darf den Betrag von € 100 nicht übersteigen.

Weitere Voraussetzungen für die Verlängerung ist es, dass über einen bestimmten Zeitraum hinweg auch eine finanzielle Bedürftigkeit des beziehenden Elternteils für diese zusätzlichen 91 Tage besteht.

Das durchschnittliche monatliche Nettoeinkommen des alleinstehenden Elternteils darf den Betrag von € 1.400 nicht übersteigen. Diese Grenze steigt ab der dritten, im selben Haushalt lebenden unterhaltsberechtigten Person um jeweils € 300.

Die Einkommensgrenze gilt für die letzten 121 Tage vor dem Ende der normalen Höchstdauer und für den Verlängerungszeitraum.

Die Einkommenssituation während der letzten 121 Tage ist bei der Antragstellung nachzuweisen, für den Verlängerungszeitraum hingegen genügt die Glaubhaftmachung.

Achtung

Zum Nettoeinkommen zählen sämtliche Nettoeinkünfte wie Kinderbetreuungsgeld, Familienbeihilfe, Unterhaltsleistungen und Ähnliches.

Mehrlingsgeburten und Mutter-Kind-Pass-Untersuchungen – Was ist zu beachten?

Bei Mehrlingsgeburten erhöht sich das Kinderbetreuungsgeld für das zweite und jedes weitere Kind um 50 % des Tagsatzes.

Werden die Mutter-Kind-Pass-Untersuchungen bis zum vorgesehenen Zeitpunkt nicht nachgewiesen, so erfolgt eine Reduktion des Kinderbetreuungsgeldes um € 1.300, bei zweitem oder jedem weiteren Kind um € 650 pro Elternteil.

Die fünf Untersuchungen während der Schwangerschaft sowie die erste Untersuchung des Kindes müssen bei der Beantragung des Kinderbetreuungsgeldes durch Vorlage der entsprechenden Untersuchungsbestätigungen nachgewiesen werden.

Die zweite bis fünfte Untersuchung muss bis zur Vollendung des 14. Lebensmonates durchgeführt und spätestens bis zur Vollendung des 15. Lebensmonates des Kindes durch Vorlage der entsprechenden Untersuchungsbestätigung nachgewiesen werden.

Hinweis

Wenn die Vornahme oder der Nachweis der Untersuchungen nur aus Gründen, die nicht von den Eltern zu vertreten sind, unterbleibt, können die jeweiligen Nachweise spätestens bis zur Vollendung des 18. Lebensmonates des Kindes nachgebracht werden.

Wie hoch ist die Zuverdienstgrenze zum Kinderbetreuungsgeld-KONTO, die während des Bezuges zu beachten ist?

Ohne Rücksicht auf Karenz, nur in Hinblick auf das Kinderbetreuungsgeld, beträgt die Zuverdienstgrenze zum Kinderbetreuungsgeld-KONTO € 16.200 (Lohnsteuerbemessungsgrundlage ohne Sonderzahlungen + 30 %) im Kalenderjahr.

Bei Einkommen aus unselbständiger Erwerbstätigkeit entspricht dies einem Richtwert von monatlich rund € 1.200 brutto. Wird nicht im ganzen Kalenderjahr das Kinderbetreuungsgeld bezogen, so steht die aliquote Zuverdienstmöglichkeit offen. Zeiträume, während derer das Kinderbetreuungsgeld nicht bezogen wird, bleiben außer Betracht.

Als Alternative zu diesem allgemeinen jährlichen Grenzbetrag von € 16.200 ist eine **individuelle Zuverdienstgrenze** in der Höhe von 60 % der Einkünfte aus dem Kalenderjahr vor der Geburt, in dem kein Kinderbetreuungsgeld bezogen wurde, maximal jedoch bis zum drittvorletzten Kalenderjahr möglich. Ist der berechnete individuelle Grenzbetrag höher als € 16.200 jährlich, so kann während des gesamten Bezugszeitraumes des Kinderbetreuungsgeldes dieser entsprechend höhere jährliche Zuverdienst als Grenzbetrag herangezogen werden.

Bei Überschreitung der Zuverdienstgrenze muss der Überstiegsbetrag zurückgezahlt werden.

Tipps

- **KBG-Zuverdienstrechner**

  Mit dem Online-Rechner können Eltern berechnen, ob sie mit ihren Einkünften während des laufenden KBG-Bezuges die Zuverdienstgrenze einhalten:

  Der Rechner steht Eltern auf der Homepage des Bundesministeriums für Arbeit, Familie und Jugend zur Verfügung.

Achtung

Besteht der Anspruch auf Auszahlung des Kinderbetreuungsgeldes für den ganzen Kalendermonat (von 1. bis 30. bzw. 31.), so zählt dieser Kalendermonat zum Anspruchszeitraum, andernfalls ist dieser Kalendermonat nicht in den Anspruchszeitraum einzubeziehen.

Beispiel 1

- Die Mutter von Jessica (geboren am 1. Juni 2019) entscheidet sich für das Kinderbetreuungsgeld-KONTO bis zum 31. Jänner 2021. Mit 1. Juni 2020 nimmt sie ihre Arbeit wieder auf, ihr Monatsgehalt beträgt € 2.000 brutto.

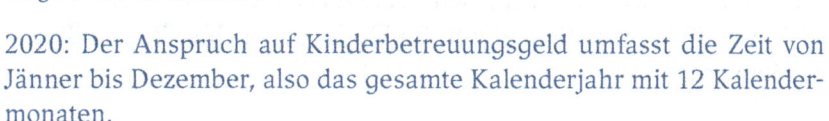

   2020: Der Anspruch auf Kinderbetreuungsgeld umfasst die Zeit von Jänner bis Dezember, also das gesamte Kalenderjahr mit 12 Kalendermonaten.

   Ihr Bruttogehalt von Juni bis Dezember 2020 beträgt € 14.000. Nach Abzug der Sozialversicherungsbeiträge im Ausmaß von € 2.536,80 und der Werbungskostenpauschale von € 132 beträgt ihre Lohnsteuerbemessungsgrundlage € 11.331,20. Diese muss um den Betrag von 30 % erhöht werden (11.331,20 × 1,3), es ergibt sich somit ein Betrag von € 14.730,56.

   Die Zuverdienstgrenze von € 16.200 wird somit nicht überschritten.

Beispiel 2

- Die Mutter von Markus (geboren am 11. Mai 2020) entscheidet sich für das Kinderbetreuungsgeld-KONTO bis zum 10. September 2021. Mit März 2021 arbeitet sie wieder und verdient monatlich € 1.800 brutto.

   2020: Der Anspruch auf Kinderbetreuungsgeld umfasst die Zeit von Jänner bis August. Der September zählt nicht zum Anspruchszeitraum, da im September nur für 10 Tage Kinderbetreuungsgeldanspruch besteht.

   Nach Abzug der Sozialversicherungsbeiträge von € 1.740,96 und der Werbungskostenpauschale von € 88 beträgt ihre Lohnsteuerbemessungsgrundlage € 8.971,04. Diese muss um den Betrag von 30 % erhöht werden (8.971,04 × 1,3), es ergibt sich somit ein Betrag von € 11.662,35.

   Es erfolgt eine Hochrechnung auf ein ganzes Jahr, da der Anspruchszeitraum lediglich acht Monate umfasst: 11.662,35 : 8 × 12 = 17.493,53.

   Die Zuverdienstgrenze von € 16.200 wird um € 1.293,30 überschritten. Dieser Betrag wird daher zurückgefordert.

Kann das Arbeitslosengeld parallel zum Kinderbetreuungsgeld-KONTO bezogen werden?

Während des Bezuges des Kinderbetreuungsgeld-KONTOs ist ein Bezug des Arbeitslosengeldes möglich, wenn das Kind von einer anderen geeigneten Person oder in einer geeigneten Einrichtung betreut wird und die weiteren Voraussetzungen zum Arbeitslosengeldanspruch vorliegen.

Achtung

Das Arbeitslosengeld zählt als Einkommen und daher zum Zuverdienst während des Bezuges des Kinderbetreuungsgeld-KONTOs, jedoch mit einem einzigen Unterschied, nämlich jenem, dass das Arbeitslosengeld um 15 %, und nicht um 30 %, wie die anderen Einkünfte aus nichtselbstständiger Arbeit, erhöht wird.

Beihilfe zum Kinderbetreuungsgeld

Die Beihilfe ist eine zusätzliche Unterstützung für Eltern mit geringem Einkommen. Sie können eine Beihilfe zum pauschalen Kinderbetreuungsgeld beziehen, wenn das Einkommen des beziehenden Elternteils bzw. des anderen Elternteils eine bestimmte Einkommensgrenze nicht überschreitet.

Wie hoch und wie lang kann die Beihilfe bezogen werden?

Die Beihilfe gebührt längstens für 365 Tage ab der erstmaligen Antragstellung und nur solange der Anspruch auf das Kinderbetreuungsgeld-KONTO besteht. Die Beihilfe kann jeweils nur in Blöcken von mindestens 61 Tagen beansprucht werden und beträgt pro Tag € 6,06.

Eine Beihilfe zum Kinderbetreuungsgeld-KONTO gebührt nur bei Erfüllung folgender Voraussetzungen:

- Keine Überschreitung der Zuverdienstgrenze;
- Bekanntgabe des anderen Elternteils bei Alleinstehenden;
- Antragstellung beim zuständigen Krankenversicherungsträger mit dem dafür vorgesehenen Formular.

Wie hoch ist die Zuverdienstgrenze zur Beihilfe?

Die Zuverdienstgrenze für die Beihilfe beträgt während des Bezuges der Beihilfe für Alleinstehende:

- € 7.300 im Kalenderjahr (dies entspricht derzeit der Geringfügigkeitsgrenze: 2021 = € 475,86 monatlich).

Bei Paaren darf das Partnereinkommen € 16.200 im Kalenderjahr (Richtwert = € 1.200 brutto monatlich) nicht übersteigen (siehe dazu „Zuverdienstgrenze zum Kinderbetreuungsgeld-KONTO").

Rückzahlung der Beihilfe

Wird die zulässige Einkommensgrenze nur geringfügig überschritten (um nicht mehr als 15 %), so ist der Überstiegsbetrag zurückzuzahlen. Bei Überschreitung von mehr als 15 % muss die gesamte Beihilfe zurückgezahlt werden.

Beispiel 1
- Die Mutter von Maria (geboren am 3. November 2018) lebt mit dem Vater ihrer Tochter zusammen. Sie bezieht das Kinderbetreuungsgeld-KONTO und beantragt ab 1. Jänner 2019 die Beihilfe zum Kinderbetreuungsgeld.

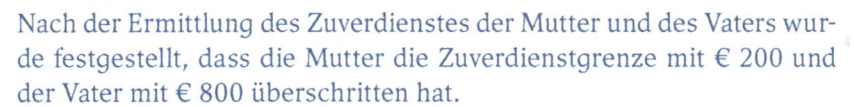

  Nach der Ermittlung des Zuverdienstes der Mutter und des Vaters wurde festgestellt, dass die Mutter die Zuverdienstgrenze mit € 200 und der Vater mit € 800 überschritten hat.

  Von der erhaltenen Beihilfe zum Kinderbetreuungsgeld-KONTO sind somit € 1.000 zurückzuzahlen.

Beispiel 2
- Hat die Mutter von Maria die Zuverdienstgrenze mit € 1.400 und der Vater mit € 800 überschritten, so muss die erhaltene Beihilfe zur Gänze zurückgezahlt werden, da beide Kinderbetreuungsgeldbezieher/innen ihre Zuverdienstgrenze um mehr als 15 % überschritten haben.

Wie ist das Kinderbetreuungsgeld bei der Geburt eines weiteren Kindes geregelt?

Mit der Geburt eines weiteren Kindes endet der Anspruch auf das Kinderbetreuungsgeld für das ältere Kind.

Ob der Bezug des Kinderbetreuungsgeldes für das weitere Kind ab dem Tag der Geburt oder im Anschluss an das Beschäftigungsverbot beginnt, hängt davon ab, ob ein Anspruch auf Wochengeld besteht oder nicht. Dazu gibt es drei unterschiedliche Fälle:

Fall 1:
Beginnt das Beschäftigungsverbot (in der Regel acht Wochen vor und acht Wochen nach der Geburt) für das jüngste Kind während des Kinderbetreu-

ungsgeldbezuges für das ältere Kind, so besteht für das jüngste Kind ein Anspruch auf Wochengeld in der Höhe des Kinderbetreuungsgeldes. Im Anschluss an das Wochengeld besteht ein neuer Anspruch auf das Kinderbetreuungsgeld. Es kann für eine andere Dauer und in einer anderen Höhe als beim älteren Kind beantragt werden.

Beispiel

- Die Mutter von Maria (geboren am 7. März 2019) beantragt das Kinderbetreuungsgeld-KONTO bis zur Vollendung des zweiten Lebensjahres ihrer Tochter. Ihr Anspruch auf Kinderbetreuungsgeld besteht bis 6. März 2021. Sie hat einen Tagsatz von € 16,94 (€ 12.366 : 730 Tage).

  Sie bekommt ihre zweite Tochter Alexandra am 23. Juli 2020. Sie hat von 28. Mai 2020 bis 17. September 2020 Anspruch auf Wochengeld in der Höhe von € 16,94 täglich. Ab dem 18. September 2020 beantragt sie das Kinderbetreuungsgeld-KONTO, bis ihre zweite Tochter 18 Monate alt wird (500 Tage ab der Geburt). Ihr Tagsatz beträgt € 24,73 (€ 12.366 : 500 Tage).

Fall 2:
Beginnt das Beschäftigungsverbot nach Ende des Kinderbetreuungsgeldbezuges, so besteht ein Anspruch auf Wochengeld, berechnet vom Einkommen der Mutter, da diese ihre Beschäftigung nach Ende des Kinderbetreuungsgeldbezuges wieder aufgenommen hat. In diesem Fall beginnt der Anspruch auf Kinderbetreuungsgeld für das jüngste Kind im Anschluss an den Bezug des Wochengeldes. Ist das Wochengeld niedriger als das Kinderbetreuungsgeld, so gebührt ab dem Tag der Geburt ein Differenzbetrag auf die Höhe des Kinderbetreuungsgeldes.

Beispiel

- Die Mutter von Tobias (geboren am 9. März 2019) beantragt das Kinderbetreuungsgeld-KONTO bis zum 8. März 2020 und meldet bei ihrem Arbeitgeber eine Karenz ebenfalls bis zum 8. März 2020 (Vollendung des ersten Lebensjahres). Als sie ihre Arbeit am 9. März 2020 wieder aufgenommen hat, war sie bereits mit ihrem zweiten Kind schwanger.

  Ihr zweiter Sohn kam am 8. September 2020 zur Welt. Sie hat Anspruch auf Wochengeld von 14. Juli 2020 bis zum 3. November 2020. Ab dem 4. November 2020 kann sie das Kinderbetreuungsgeld-KONTO beziehen, wenn alle weiteren Voraussetzungen für den Anspruch auf das Kinderbetreuungsgeld erfüllt sind.

Fall 3:
Besteht kein Anspruch auf Wochengeld, da die Mutter sich nach dem Kinderbetreuungsgeldbezug weiter in Karenz nach den Bestimmungen des Mutterschutzgesetzes (bis zur Vollendung des zweiten Lebensjahres des Kindes) befindet, so besteht ein Anspruch auf das Kinderbetreuungsgeld-KONTO ab dem Tag der Geburt.

Beispiel
- Die Mutter von Tobias (geboren am 9. März 2019) beantragt das Kinderbetreuungsgeld-KONTO bis zum 8. März 2020 und meldet bei ihrem Arbeitgeber eine Karenz bis zum 8. März 2021 (Vollendung des zweiten Lebensjahres).

  Ihr zweiter Sohn kam am 8. September 2020 zur Welt. Sie hat keinen Anspruch auf Wochengeld, da sie zwischen dem Ende des Kinderbetreuungsgeldbezuges und der Geburt ihres zweiten Sohnes keine Bezüge und kein Einkommen hatte. Sie kann ab dem Tag der Geburt, also ab dem 8. September 2020, das Kinderbetreuungsgeld-KONTO für ihren zweiten Sohn beziehen, wenn alle weiteren Voraussetzungen für den Anspruch darauf erfüllt sind.

Zusammengefasst
Was ist beim Kinderbetreuungsgeld-KONTO zu beachten?

Ein Anspruch auf das Kinderbetreuungsgeld-KONTO besteht unter folgenden Voraussetzungen:

- Der beziehende Elternteil muss Familienbeihilfe tatsächlich beziehen;
- mit dem Kind muss ein gemeinsamer Haushalt inklusive gemeldeter Hauptwohnsitz bestehen;
- der Mittelpunkt der Lebensinteressen von Elternteil und Kind muss in Österreich sein;
- ein rechtmäßiger Aufenthalt für Drittstaatsangehörige ist erforderlich;
- während des Bezuges von Kinderbetreuungsgeld muss die Zuverdienstgrenze eingehalten werden;
- ein rechtzeitiger Nachweis der Mutter-Kind-Pass-Untersuchungen ist notwendig;
- das Kinderbetreuungsgeld gebührt nur nach Antrag;
- der frühestmögliche Bezug ist ab dem Tag der Geburt des Kindes;
- in der Regel ruht der Anspruch auf Kinderbetreuungsgeld in der Höhe des Wochengeldbezuges nach der Geburt;

- Kinderbetreuungsgeld kann in Blöcken von zumindest 61 Tagen bezogen werden;
- die Bezugsdauer beträgt für einen Elternteil: 365 bis 851 Tage ab der Geburt;
- die Bezugsdauer beträgt bei Teilung zwischen den Eltern: 456 bis 1.063 Tage ab der Geburt;
- das Kinderbetreuungsgeld-KONTO beträgt zwischen € 33,88 und € 14,53 täglich (das sind rund € 1.050 bis € 450 monatlich). Im Grundmodell mit 365 Tagen ab dem Tag der Geburt beträgt der Höchstbetrag € 33,88 täglich;
- eine zeitgleiche Inanspruchnahme von Kinderbetreuungsgeld durch beide Elternteile ist für 31 Tage bei erstmaligem Wechsel möglich;
- Eltern erhalten einen Partnerschaftsbonus in der Höhe von € 500 pro Elternteil bei annähernd gleicher Teilung des Bezuges;
- die Anspruchsdauer kann einmal pro Kind geändert werden. Die Antragstellung hat spätestens 91 Tage vor Ablauf der ursprünglich beantragten Anspruchsdauer zu erfolgen;
- bei Mehrlingsgeburten gebührt ein Zuschlag von 50 % des Tagsatzes;
- alleinstehende oder einkommensschwache Familien können eine Beihilfe beantragen.

Wer hat Anspruch auf das einkommensabhängige Kinderbetreuungsgeld?

Das einkommensabhängige Kinderbetreuungsgeld wurde für Eltern geschaffen, die über ein höheres Einkommen verfügen und sich aus Anlass der Geburt ihres Kindes nur für eine kurze Zeit aus dem Berufsleben zurückziehen. Es beträgt 80 % des Wochengeldes, maximal € 66 täglich (ca. € 2.000 monatlich).

Ein Elternteil kann das einkommensabhängige Kinderbetreuungsgeld bis höchstens 365 Tage ab dem Tag der Geburt (vollendetes 1. Lebensjahr) beziehen. Teilen sich die Eltern den Bezug, dann kann das einkommensabhängige Kinderbetreuungsgeld maximal bis zum 426. Tag ab Geburt des Kindes (= vollendetes 14. Lebensmonat) bezogen werden.

Welche Voraussetzungen müssen Eltern erfüllen?

Neben den allgemeinen Voraussetzungen (siehe Kinderbetreuungsgeld-KONTO) –

- Bezug der Familienbeihilfe,
- gemeinsamer Haushalt als Hauptwohnsitz mit dem Kind,
- Lebensmittelpunkt des beziehenden Elternteils und des Kindes in Österreich,
- Einhaltung der Zuverdienstgrenze,
- bei getrennten Elternteilen muss der getrennt lebende Elternteil zusätzlich die Obsorgeberechtigung für das Kind haben und die Familienbeihilfe selbst beziehen,
- die erforderlichen Mutter-Kind-Pass-Untersuchungen müssen vollständig durchgeführt und rechtzeitig nachgewiesen werden, damit ein Anspruch auf das Kinderbetreuungsgeld in voller Höhe besteht,
- für nicht österreichische Staatsangehörige muss ein rechtmäßiger Aufenthaltstitel vorhanden sein; bei EU/EWR-Bürgern und -Bürgerinnen ist eine Anmeldebescheinigung erforderlich.

müssen Mütter bzw. Väter folgende zusätzliche Voraussetzungen erfüllen:

- Der beziehende Elternteil muss während der Dauer von 182 Kalendertagen unmittelbar vor der Geburt (für Väter) bzw. vor Beginn des Beschäftigungsverbots – acht Wochen vor der Geburt oder früher bei einer vorzeitigen Freistellung – (für Mütter) durchgehend eine in Österreich kranken- und pensionsversicherungspflichtige Erwerbstätigkeit haben,

- ein Beschäftigungsverbot bzw. eine vorhergehende Karenz (maximal bis zur Vollendung des zweiten Lebensjahres des älteren Kindes) sind nur dann einer Erwerbstätigkeit gleichgestellt, sofern während der 182 Kalendertage zuvor eine in Österreich kranken- und pensionsversicherungspflichtige Erwerbstätigkeit tatsächlich und ununterbrochen ausgeübt worden ist **und**

- während dieses Zeitraumes keine Leistung aus der Arbeitslosenversicherung (Arbeitslosengeld, Notstandshilfe, Weiterbildungsgeld etc.) oder Krankengeld (wenn die Entgeltfortzahlungen durch den/die AG 100 und 50 % ausgeschöpft sind) bezogen wurde, sowie

- das Arbeitsverhältnis zum Zeitpunkt der Geburt des Kindes aufrecht besteht.

Was versteht man unter Erwerbstätigkeit?

Der Elternteil, der das einkommensabhängige Kinderbetreuungsgeld beziehen will, muss während der letzten 182 Tage unmittelbar vor der Geburt bzw. vor Beginn des Beschäftigungsverbots einer in Österreich sozialversicherungspflichtigen Erwerbstätigkeit tatsächlich nachgegangen sein. Dies deshalb, da das einkommensabhängige Kinderbetreuungsgeld den Zweck hat, als Ersatz für den Entfall des früheren Einkommens jenen Elternteilen, die vor der Geburt über ein relativ hohes Einkommen verfügt haben, die Möglichkeit zu geben, trotz kurzzeitigem Rückzug aus dem Erwerbsleben den bisherigen Lebensstandard zu erhalten.

182 Tage

Die Erwerbstätigkeit muss durchgehend während der letzten 182 Tage vor der Geburt (für Väter) bzw. vor Beginn des Beschäftigungsverbots (für Mütter) ausgeübt werden.

Der Tag vor der Geburt ist der erste Tag des 182-Tage-Zeitraumes.

Beispiel

- Erfolgt die Geburt am 6. November 2019, so beginnt der erste Tag des 182-Tage-Zeitraumes am 5. November 2019 und endet am 8. Mai 2019 (182 Tage von 8. Mai bis 5. November 2019).

Tatsächliche Ausübung der Erwerbstätigkeit

Die Erwerbstätigkeit muss tatsächlich ausgeübt werden. Dieses Erfordernis kann auch mit einer Teilzeitbeschäftigung sowie einem unbefristeten oder befristeten Arbeitsverhältnis erfüllt sein. Voraussetzung ist lediglich, dass das Arbeitsverhältnis in jedem Fall mindestens bis zum Tag der Geburt aufrecht bleiben muss.

Beispiel

- Die Mutter von Laura (geboren am 3. Jänner 2020) hatte ein befristetes Arbeitsverhältnis von 1. Jänner 2018 bis zum 31. Dezember 2019. Da ihr Arbeitsverhältnis vor der Geburt endete und sie am Tag der Geburt kein aufrechtes Arbeitsverhältnis hatte, hat sie keinen Anspruch auf das einkommensabhängige Kinderbetreuungsgeld.

Sozialversicherungspflichtige Erwerbstätigkeit

Die ausgeübte Erwerbstätigkeit muss in Österreich kranken- und pensionsversicherungspflichtig sein. Es muss eine Pflichtversicherung in der Kranken- und Pensionsversicherung vorliegen, um den Anspruch auf das einkommensabhängige Kinderbetreuungsgeld zu haben.

Achtung

Bei Selbstversicherung, freiwillige Weiterversicherung oder eine Mitversicherung besteht kein Anspruch auf das einkommensabhängige Kinderbetreuungsgeld.

Schadet eine Unterbrechung der Erwerbstätigkeit

Unterbrechungen der Erwerbstätigkeit **bis zu maximal 14 Kalendertagen** innerhalb des 182-Tage-Zeitraumes schaden dem Anspruch auf das einkommensabhängige Kinderbetreuungsgeld nicht.

Achtung

Der Unterbrechungszeitraum muss gänzlich innerhalb des 182-Tage-Zeitraumes liegen, damit dieser sich nicht schädlich auf den Anspruch auswirkt.

Der 182-Tage-Zeitraum kann nicht mit einer Unterbrechung der Tätigkeit beginnen. Die Unterbrechung kann aber am Ende des Zeitraumes liegen, ohne dass dies zu einem Anspruchsverlust führt.

Als Unterbrechung gelten Zeiten, während derer die Erwerbstätigkeit nicht ausgeübt wird und die geforderte Sozialversicherungspflicht nicht vorliegt, z.B. bei Krankenstand ohne Entgeltfortzahlung vom/von der AG, einer freiwilligen Karenz, einem unbezahlten Urlaub, einer Freistellung ohne Bezüge sowie einer Bildungskarenz.

Beispiel

- Erfolgt die Geburt am 6. November 2019, so beginnt der erste Tag des 182-Tage-Zeitraumes am 5. November 2019 und endet am 8. Mai 2019 (182 Tage von 8. Mai bis 5.November 2019).

War der Vater bis 11. Mai 2019 in einem unbezahlten Urlaub oder hat aufgrund eines längeren Krankenstandes bis zum 10. Mai Krankengeld von der ÖGK bezogen, so besteht kein Anspruch auf das einkommensabhängige Kinderbetreuungsgeld.

Hat der Vater von 29. Oktober bis zum 5. November 2019 Krankengeld von der ÖGK bezogen, so hat er trotzdem einen Anspruch auf das einkommensabhängige Kinderbetreuungsgeld, da die Unterbrechung am Ende des 182-Tage-Zeitraumes liegt.

Hinweis

Folgende, vom/von der AG bezahlte Zeiten gelten nicht als Unterbrechung der Erwerbstätigkeit:

- bezahlter Urlaub,
- bezahlter Krankenstand bzw. bezahlte Dienstverhinderung,
- bezahlter Zeitausgleich.

Achtung

Wird die Erwerbstätigkeit zu Beginn oder während des 182-Tage-Zeitraumes beendet, so besteht kein Anspruch auf das einkommensabhängige Kinderbetreuungsgeld.

Der Erwerbstätigkeit gleichgestellte Zeiten

Zeiten des Beschäftigungsverbotes nach dem Mutterschutzgesetz werden den Zeiten der tatsächlichen Ausübung einer Erwerbstätigkeit gleichgestellt. Für die Gleichstellung des Beschäftigungsverbotes nach dem Mutterschutzgesetz müssen folgende Faktoren erfüllt sein:

- Das Arbeitsverhältnis muss durchgehend aufrecht sein,
- die Erfüllung des Erwerbstätigkeitserfordernisses während des Zeitraumes von 182 Tagen unmittelbar vor dem Beschäftigungsverbot, sowie
- der Nichtbezug der Leistung aus der Arbeitslosenversicherung in den 182 Tagen unmittelbar vor dem Beschäftigungsverbot.

Achtung

Ein Beschäftigungsverbot nach dem Mutterschutzgesetz kann nur solange vorliegen, als das ihr zugrundeliegende Arbeitsverhältnis andauert. Endet das Arbeitsverhältnis, so enden damit der Mutterschutz und auch die Gleichstellung.

Zeiten einer Karenz nach dem Mutterschutzgesetz gelten als der tatsächlichen Ausübung einer Erwerbstätigkeit gleichgestellt, sofern es sich um Zeiten der gesetzlichen Karenz nach dem Mutterschutz- oder Väterkarenzgesetz handelt. Für die Gleichstellung der Karenz nach dem Mutterschutz- und Väterkarenzgesetz müssen folgende Gleichstellungserfordernisse erfüllt sein:

- Das Arbeitsverhältnis muss durchgehend aufrecht sein,
- die Erfüllung des Erwerbstätigkeitserfordernisses in den 182 Tagen unmittelbar vor der Karenz, sowie
- der Nichtbezug der Leistung aus der Arbeitslosenversicherung in den 182 Tagen unmittelbar vor der Karenz.

Achtung

Eine Karenz nach dem Mutterschutz- und Väterkarenzgesetz kann nur solange vorliegen, als das zugrundeliegende Arbeitsverhältnis andauert. Die Beendigung des Arbeitsverhältnisses bedeutet das Ende der Karenz, womit auch gleichgestellte Zeiten wegfallen.

Hinweis

Die gesetzliche Karenz nach dem Mutterschutz- und Väterkarenzgesetz beginnt frühestens im Anschluss an das Beschäftigungsverbot nach der Geburt und kann maximal bis zum Ablauf des zweiten Lebensjahres des Kindes in Anspruch genommen werden (endet daher spätestens am Tag vor dem zweiten Geburtstag des Kindes). Nur diese Zeiten werden der tatsächlichen Ausübung einer Erwerbstätigkeit gleichgestellt.

Beispiel

- Die Mutter von Lukas (geboren am 7. Oktober 2018) entscheidet sich für das einkommensabhängige Kinderbetreuungsgeld und nimmt eine Karenz bis zum 31. Dezember 2019 in Anspruch. Am 1. Jänner 2020 nimmt sie ihre Arbeit wieder auf. Das Beschäftigungsverbot für ihre Tochter, die am 3. Juni 2020 geboren wurde, beginnt am 8. April 2020.

> Obwohl sie nur von 1. Jänner 2020 bis 8. April 2020, also weniger als 182 Tage vor Beginn des Beschäftigungsverbotes gearbeitet hat, besteht ein Anspruch auf das einkommensabhängige Kinderbetreuungsgeld. Da die vor der Beschäftigung liegenden Karenzzeiten der tatsächlichen Ausübung einer Erwerbstätigkeit gleichgestellt sind und das Arbeitsverhältnis nach wie vor aufrecht bleibt, ist der 182-Tage-Zeitraum vor Beginn des Beschäftigungsverbotes gewahrt.
>
> Von 1. Jänner bis 7. April = 97 Tage Beschäftigung.
>
> Von 8. Oktober 2019 bis 31. Dezember 2019 = 85 Tage Karenz nach dem Mutterschutzgesetz.

Kein Bezug einer Leistung aus der Arbeitslosenversicherung im 182-Tage-Zeitraum

Eltern, die vor der Geburt arbeitslos sind oder eine Leistung aus der Arbeitslosenversicherung beziehen, haben keinen Anspruch auf das einkommensabhängige Kinderbetreuungsgeld.

Als Leistungen aus der Arbeitslosenversicherung gelten jedenfalls Leistungen, wie z.B. Arbeitslosengeld, Notstandshilfe, Weiterbildungsgeld, Altersteilzeitgeld und Übergangsgeld.

Keine Leistung aus der Arbeitslosenversicherung während des Bezuges

Während des Bezuges des einkommensabhängigen Kinderbetreuungsgeldes darf keine Leistung aus der Arbeitslosenversicherung bezogen werden. Ein Parallelbezug, wie beim Bezug des Kinderbetreuungsgeld-KONTOs, ist nicht möglich.

Achtung

Wird das Arbeitslosengeld bspw. nur für einen oder mehrere Tage während des Bezuges von einkommensabhängigen Kinderbetreuungsgeld bezogen, so wird das einkommensabhängige Kinderbetreuungsgeld zur Gänze zurückgefordert, da der Anspruch auf das Kinderbetreuungsgeld in diesem Fall von Anfang an nicht bestanden hat.

Wie hoch ist die Zuverdienstgrenze, die Mütter bzw. Väter während des Bezuges beachten müssen?

Die Zuverdienstgrenze ist immer eine Jahresgrenze. Ohne Rücksicht auf Karenz, nur in Hinblick auf das Kinderbetreuungsgeld, beträgt die Zuverdienstgrenze zum einkommensabhängigen Kinderbetreuungsgeld € 7.300 (Lohnsteuerbemessungsgrundlage ohne Sonderzahlungen+30 %) im Kalenderjahr.

Bei Einkommen aus unselbständiger Erwerbstätigkeit entspricht dies derzeit einem Richtwert (2021) von monatlich € 475,86 brutto (14 Mal im Jahr). Wird nicht während des ganzen Kalenderjahres das Kinderbetreuungsgeld bezogen, so steht die aliquote Zuverdienstmöglichkeit offen. Zeiträume, während derer Kinderbetreuungsgeld nicht bezogen wird, bleiben außer Betracht.

Bei Überschreitung der Zuverdienstgrenze muss der Überstiegsbetrag zurückgezahlt werden.

Tipps
- **KBG-Zuverdienstrechner**

    Mit dem Rechner können Eltern berechnen, ob sie mit ihren Einkünften während des laufenden KBG-Bezuges die Zuverdienstgrenze einhalten:

    Der Online Rechner steht Eltern auf der Homepage des Bundesministerium für Arbeit, Familie und Jugend zur Verfügung.

Achtung
Besteht der Anspruch auf Auszahlung des Kinderbetreuungsgeldes für den ganzen Kalendermonat (von 1. bis 30. bzw. 31.), so zählt dieser Kalendermonat zum Anspruchszeitraum; andernfalls ist dieser Kalendermonat nicht in den Anspruchszeitraum einzubeziehen.

Beispiel
- Die Mutter von Markus (geboren am 11. Mai 2019) entscheidet sich für das einkommensabhängige Kinderbetreuungsgeld bis 10. Mai 2020. Sie bezog Wochengeld bis zum 6. Juli 2019.

    2019:

    Der Anspruch auf Kinderbetreuungsgeld umfasst die Zeit von August bis Dezember. Der Juli zählt nicht zum Anspruchszeitraum, da im Juli nur für 25 Tage Kinderbetreuungsgeldanspruch besteht. Sie darf im Bezugszeitraum vom 1. August bis 31. Dezember 2019 an Lohnsteuerbemessungsgrundlage (5/12 von € 6.800) € 2.833 bzw. € 446,81 × 5 = € 2.234,05 brutto verdienen.

2020:

Der Anspruch auf Kinderbetreuungsgeld umfasst die Zeit von Jänner bis April. Der Mai zählt nicht zum Anspruchszeitraum, da im Mai nur für zehn Tage Kinderbetreuungsgeldanspruch besteht. Sie darf im Bezugszeitraum vom 1. Jänner bis zum 30. April 2020 an Lohnsteuerbemessungsgrundlage (4/12 von € 7.300) € 2.433 bzw. 460,66 × 4 = € 1.842 brutto verdienen.

Wie hoch ist das einkommensabhängige Kinderbetreuungsgeld?

Die Höhe des einkommensabhängigen Kinderbetreuungsgeldes hängt in der Regel von der Höhe des Wochengeldes ab. Ist allerdings die Basis der Einkünfte, die im letzten Kalenderjahr vor der Geburt erzielt wurden, höher, dann sind diese maßgebend.

In jedem Fall gibt es aber einen Mindest- und Höchstbetrag: Der Mindestbetrag ist € 33,88 täglich (das entspricht etwa € 1.000 monatlich); der Höchstbetrag ist € 66 täglich (das entspricht etwa € 2.000 monatlich).

Der Tagesbetrag für einen Elternteil bleibt grundsätzlich über die gesamte Bezugsdauer des Kinderbetreuungsgeldes für ein und dasselbe Kind gleich hoch, auch dann, wenn dieser Elternteil durch abwechselnden Bezug zwei Bezugsteile aufweist.

Für jeden Elternteil erfolgt eine gesonderte Berechnung des jeweiligen Tagesbetrages anhand der jeweiligen eigenen Einkünfte.

Berechnungsmethode 1 anhand des Wochengeldes

Die Berechnungsmethode für den Tagsatz des einkommensabhängigen Kinderbetreuungsgeldes anhand des Wochengeldes ist einfach und wird vom Versicherungsträger automatisch durchgeführt: Die Höhe des Tagsatzes des einkommensabhängigen Kinderbetreuungsgeldes beträgt 80 % der Tagsatzhöhe des Wochengeldes.

Besteht ein Anspruch auf Wochengeld aus mehreren Arbeitsverhältnissen, so berechnet sich der Tagsatz des einkommensabhängigen Kinderbetreuungsgeldes aus der Summe aller Wochengelder.

Die Höhe des Wochengeldes für unselbständig erwerbstätige Pflichtversicherte berechnet sich vom Nettodurchschnitt der letzten drei vollen Kalendermonate vor Beginn des Beschäftigungsverbotes, zuzüglich eines Zuschlages für die Sonderzahlungen (siehe dazu „wie hoch ist das Wochengeld?").

Bei Vätern wird aus Gründen der Gleichbehandlung ebenfalls ein fiktives Wochengeld (das ist das Wochengeld, welches einer Mutter an seiner Stelle gebühren würde) berechnet.

Beispiel 1

- Die Mutter von Maria (geboren am 24. Mai 2019) entscheidet sich für das einkommensabhängige Kinderbetreuungsgeld. Ihr Beschäftigungsverbot hat am 29. März 2019 begonnen. Für die Berechnung ihres Wochengeldes sind die Kalendermonate Dezember 2018, Jänner und Februar 2019 heranzuziehen. Ihr Nettoeinkommen während dieses Beobachtungszeitraumes beträgt (€ 1.500 × 3) folglich insgesamt € 4.500.

Wochengeld:
€ 4.500 : 90 Tage (Dez. 31, Jänner 31, Feb. 28 Tage) + 17 %
(für Urlaubs- und Weihnachtsgeld) = € 58,30.

Einkommensabhängiges Kinderbetreuungsgeld:
58,30 × 0,8 = € 46,64.

Ihr einkommensabhängiges Kinderbetreuungsgeld beträgt daher monatlich € 1.399,20.

Beispiel 2

- Der Vater von Maria will im Anschluss an den Bezug der Mutter auch das einkommensabhängige Kinderbetreuungsgeld beziehen.

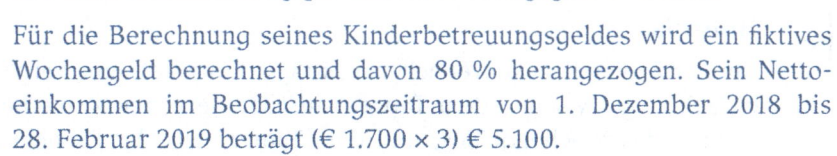

Für die Berechnung seines Kinderbetreuungsgeldes wird ein fiktives Wochengeld berechnet und davon 80 % herangezogen. Sein Nettoeinkommen im Beobachtungszeitraum von 1. Dezember 2018 bis 28. Februar 2019 beträgt (€ 1.700 × 3) € 5.100.

Fiktives Wochengeld:
€ 5.100 : 90 Tage (Dez. 31, Jänner 31, Feb. 28 Tage) + 17 %
(für Urlaubs- und Weihnachtsgeld) = € 66,30.

Einkommensabhängiges Kinderbetreuungsgeld:
€ 66,30 × 0,8 = € 53,04.

Sein einkommensabhängiges Kinderbetreuungsgeld beträgt daher monatlich € 1.591,20.

Berechnungsmethode 2 anhand des Einkommensteuerbescheides

Das einkommensabhängige Kinderbetreuungsgeld errechnet sich aus 80 % der maßgeblichen Einkünfte aus dem Kalenderjahr vor jenem der Geburt des Kindes.

Berechnungsgrundlage ist der Einkommenssteuerbescheid aus dem Kalenderjahr unmittelbar vor jenem der Geburt des Kindes.

So erfolgt die Berechnung des Tagsatzes des einkommensabhängigen Kinderbetreuungsgeldes unter Heranziehung der Steuerdaten mit der folgenden Berechnungsformel:

Summe der maßgeblichen Einkünfte × 0,62 + 4.000 : 365.

Die Steuerdaten werden nach der Anforderung des Krankenversicherungsträgers von der Abgabenbehörde (Finanzamt) an den Krankenversicherungsträger elektronisch übermittelt. Voraussetzung für die Datenübermittlung ist das Vorliegen der entsprechenden Daten bei der Abgabenbehörde.

Wurde daher die Arbeitnehmerveranlagung noch nicht oder verspätet durchgeführt, so kann ein Steuerbescheid nicht erstellt werden und folglich können die erforderlichen Daten aus diesem Steuerbescheid nicht an den Krankenversicherungsträger übermittelt werden.

Achtung

Für die Berechnung maßgeblicher Einkünfte sind alle Einkünfte aus unselbstständiger Arbeit nach dem Einkommenssteuergesetz, ausgenommen jedoch: Pensionseinkünfte, Arbeitslosengeld, Notstandshilfe, Wochengeld und das Kinderbetreuungsgeld.

Hinweis

Der zuständige Krankenversicherungsträger führt stets eine Vergleichsberechnung zwischen dem Tagsatz aus der Berechnungsmethode 1, anhand des Wochengeldes, und dem Tagsatz aus der Berechnungsmethode 2, anhand des Einkommensteuerbescheides, durch. Der günstigere Tagesbetrag bildet die Höhe des einkommensabhängigen Kinderbetreuungsgeldes.

Voraussetzung ist jeweils das Vorhandensein eines Einkommensteuerbescheides.

Für Geburten im Jahr 2021 gibt es eine Sonderregelung: Aufgrund der Corona-Krise wird ausnahmsweise bei Geburten von 1.1.2021 bis 31.12.2021 der Einkommensteuerbescheid des Jahres 2019 statt 2020 herangezogen, wenn dies einen höheren Tagsatz für den Elternteil ergibt.

Tipps

- Rechner für das einkommensabhängige Kinderbetreuungsgeld: Eltern können auch hier den KBG Online-Rechner nutzen. Er hilft Müttern und Vätern bei der Ermittlung der Höhe des Tagesbetrages bei einkommensabhängigen KBG.

Der Rechner steht Eltern auf der Homepage des Bundesministeriums für Arbeit, Familie und Jugend zur Verfügung.

Wie lange kann das einkommensabhängige Kinderbetreuungsgeld bezogen werden?

Ein Elternteil kann das einkommensabhängige Kinderbetreuungsgeld bis höchstens 365 Tage ab dem Tag der Geburt beziehen.

Die Anspruchsdauer beginnt ab dem Tag der Geburt zu laufen und endet exakt mit dem Ablauf des 365. Tages seit der Geburt.

Beispiel

- Erfolgt die Geburt am 9. April 2020, so stellt der 9. April 2020 den ersten Anspruchstag dar und die Anspruchsdauer für einen Elternteil endet am 365. Tag seit der Geburt, folglich also mit Ablauf des 8. April 2021.

Wie können sich Eltern das einkommensabhängige Kinderbetreuungsgeld aufteilen?

Jedem Elternteil steht ein Partneranteil in der Dauer von 61 Tagen zu, welcher nicht auf den anderen Elternteil übertragen werden kann.

Die Eltern können sich beim Kinderbetreuungsgeldbezug höchstens zweimal abwechseln, es können sich daher maximal drei Bezugsteile ergeben. Jeder Bezugsteil muss jedenfalls mindestens 61 Tage dauern (Mindestdauer).

Mutter – Vater – Mutter
Vater – Mutter – Vater

Beispiel

- Die Eltern von Laura (geboren am 7. Oktober 2019) entscheiden sich für die Teilung des einkommensabhängigen Kinderbetreuungsgeldes für die Dauer von insgesamt 426 Tagen, folglich bis einschließlich des 5. Dezember 2020.
    - Die Mutter bezieht Wochengeld bis 2. Dezember 2019. Im Anschluss bezieht sie Kinderbetreuungsgeld bis 6. April 2020 (das Kind ist sechs Monate alt).
    - Der Vater beantragt Kinderbetreuungsgeld für 61 Tage, also von 7. April 2020 bis 6. Juni 2020.
    - Die Mutter kann wieder von 7. Juni 2020 bis 5. Dezember 2020 Kinderbetreuungsgeld beziehen.

Tritt während des dritten Bezugsteiles ein unvorhersehbares und unabwendbares Ereignis ein, welches den Elternteil am Kinderbetreuungsgeldbezug verhindert, so kann ein dritter Wechsel erfolgen.

Ein unvorhersehbares und unabwendbares Ereignis ist der Tod des Elternteils, der Aufenthalt des Elternteils in einer Heil- und Pflegeanstalt, gerichtlich oder behördlich festgestellte häusliche Gewalt, ein Aufenthalt im Frauenhaus aufgrund häuslicher Gewalt, die Verbüßung einer Freiheitsstrafe sowie eine anderweitige auf gerichtlicher oder behördlicher Anordnung beruhende Anhaltung.

Achtung

Die Bezugsverhinderung erlaubt nicht die Unterschreitung der 61-Tage-Mindestdauer.

Können Eltern das einkommensabhängige Kinderbetreuungsgeld gleichzeitig beziehen (§ 24b Abs 3 KBGG)?

Nur beim erstmaligen Bezugswechsel der Eltern können diese gleichzeitig bis zu 31 Tage Kinderbetreuungsgeld beziehen. Dadurch kommt es nicht zu einer Erweiterung des Anspruches der Eltern.

Achtung

Die gleichzeitig bezogenen Tage werden von der Gesamtanspruchsdauer abgezogen.

Beispiel

- Die Eltern von Max (geboren am 20. November 2019) entscheiden sich für die Teilung des einkommensabhängigen Kinderbetreuungsgeldbezuges für die Dauer von 365 + 61 Tagen mit einem gleichzeitigen Bezug von 31 Tagen.

  Die Mutter bezieht das Kinderbetreuungsgeld bis zum 18. November 2020.

  Der Vater beginnt mit seinem Bezug 31 Tage vor dem Ende des Bezuges der Mutter, um einen gleichzeitigen Bezug mit ihr zu haben.

  Der Vater bezieht Kinderbetreuungsgeld von 19. Oktober 2020 bis zum 18. Dezember 2020 (61 Tage). Mutter und Vater beziehen von 19. Oktober bis zum 18. November 2020 gleichzeitig das Kinderbetreuungsgeld, daher endet der Anspruch des Vaters am 18. Dezember 2020.

Partnerschaftsbonus (§ 5b KBGG)

Teilen die Eltern das einkommensabhängige Kinderbetreuungsgeld für dasselbe Kind zu annähernd gleichen Teilen, so gebührt jedem Elternteil nach Ende des Anspruchszeitraumes auf Antrag ein Partnerschaftsbonus.

Es muss dabei eine Aufteilung zwischen den Eltern vorliegen, wobei die Zeiten eines gleichzeitigen Bezuges für jeden Elternteil gezählt werden.

Die Partnerschaftsaufteilung muss innerhalb einer Bandbreite der Verhältnisse von 50:50 bis zu 60:40 liegen.

Nur tatsächliche rechtmäßige Bezugszeiten werden einbezogen, die Zeiten eines Verzichts, die Ruhenszeiträume und andere Zeiten ohne Kinderbetreuungsgeldbezug wirken sich daher nicht aus.

Ruht das Kinderbetreuungsgeld wegen eines Wochengeldanspruches zur Gänze, so zählen diese Tage nicht.

Der Partnerschaftsbonus beträgt einmalig € 500 pro Elternteil und muss beantragt werden. Der Antrag ist spätestens binnen 124 Tagen ab Ende des letzten Bezugsteiles beim Krankenversicherungsträger zu stellen.

Wann ruht das einkommensabhängige Kinderbetreuungsgeld (§ 6 KBGG)?

Während des Anspruchs auf Wochengeld der Mutter ruht der Bezug des Kinderbetreuungsgeldes in der Höhe des Wochengeldes.

Ist das Wochengeld niedriger als das Kinderbetreuungsgeld, so wird die Differenz zum Kinderbetreuungsgeld ausbezahlt.

Achtung

Das Ruhen des Bezuges gilt grundsätzlich auch für den Vater.

Es kommt zu keiner Verlängerung der Dauer des Kinderbetreuungsgeldes, wenn der Bezug in voller Höhe des Wochengeldes ruht.

Beispiel

- Die Mutter von Lukas (geboren am 14. Februar 2019) bezieht Wochengeld bis zum 11. April 2019 in der Höhe von € 40 täglich. Sie beantragt das einkommensabhängige Kinderbetreuungsgeld für die Dauer von 365 Tagen ab der Geburt. Sie erhält durch die zweite Berechnungsmethode anhand des Einkommenssteuerbescheides aus dem Kalenderjahr 2018 ein tägliches Kinderbetreuungsgeld in der Höhe von € 45.

Die Höhe des Wochengeldes ist niedriger als jene des Kinderbetreuungsgeldes, daher erhält sie ab 14. Februar 2019 bis zum 11. April 2019 zusätzlich zu ihrem Wochengeld ein tägliches Kinderbetreuungsgeld in der Höhe von € 5.

Mindestdauer

Das Kinderbetreuungsgeld kann nur in Blöcken von mindestens 61 Tagen beansprucht werden. Jeder Bezugsteil muss immer ununterbrochen zumindest 61 Tage andauern.

Achtung

Der Bezug verlängert sich nur um jenen Zeitraum, während dem der zweite Elternteil tatsächlich Kinderbetreuungsgeld bezogen hat (Mindestdauer 61 ununterbrochene Tage).

Einkommensabhängiges Kinderbetreuungsgeld bei der Geburt eines weiteren Kindes (§ 24b Abs 8 KBGG)

Mit der Geburt eines weiteren Kindes endet der Anspruch auf das Kinderbetreuungsgeld für das ältere Kind.

Ob der Bezug des Kinderbetreuungsgeldes ab dem Tag der Geburt oder im Anschluss an das Beschäftigungsverbot beginnt, hängt davon ab, ob ein Anspruch auf Wochengeld besteht oder nicht. Dazu gibt es drei unterschiedliche Fälle:

Fall 1:

Beginnt das Beschäftigungsverbot (in der Regel acht Wochen vor und acht Wochen nach der Geburt) für das jüngste Kind während des Kinderbetreuungsgeldbezuges für das ältere Kind, so besteht für das jüngste Kind ein Anspruch auf Wochengeld in der gleichen Höhe wie jener des Kinderbetreuungsgeldes. Im Anschluss an das Wochengeld besteht ein neuer Anspruch auf das einkommensabhängige Kinderbetreuungsgeld, wenn alle weiteren Voraussetzungen erfüllt sind.

Beispiel

- Die Mutter von Maria (geboren am 7. März 2019) beantragt das einkommensabhängige Kinderbetreuungsgeld für die Dauer von 365 Tagen ab der Geburt. Ihr Anspruch auf das Kinderbetreuungsgeld besteht bis 5. März 2020 (Februar hat 29 Kalendertage). Sie hat einen Tagsatz von € 54.

Sie bekommt ihre zweite Tochter Alexandra am 23. April 2020. Sie hat von 27. Februar 2020 bis 18. Juni 2020 Anspruch auf Wochengeld in der Höhe von € 54 täglich. Ab dem 17. Juni 2020 kann sie das einkommensabhängige Kinderbetreuungsgeld wieder für 365 Tage ab der Geburt beziehen.

Fall 2:

Besteht ein Anspruch auf Wochengeld, da die Mutter ihre Beschäftigung nach Ende des Kinderbetreuungsgeldbezuges für das ältere Kind wieder aufgenommen hat, so beginnt der Anspruch auf das einkommensabhängige Kinderbetreuungsgeld für das jüngste Kind im Anschluss an den Bezug des Wochengeldes.

Beispiel

- Die Mutter von Tobias (geboren am 9. Jänner 2019) beantragt das einkommensabhängige Kinderbetreuungsgeld bis zum 8. Jänner 2020 und meldet bei ihrer Arbeitgeberin eine Karenz, ebenfalls bis zum 8. Jänner 2020 (Vollendung des ersten Lebensjahres). Als sie ihre Arbeit am 9. Jänner 2020 wieder aufgenommen hat, war sie bereits mit ihrem zweiten Kind schwanger.

  Ihr zweiter Sohn kam am 8. Juni 2020 zur Welt. Sie hat Anspruch auf Wochengeld von 13. April 2020 bis zum 3. August 2020; ab dem 4. August 2020 kann sie das einkommensabhängige Kinderbetreuungsgeld beziehen, wenn alle weiteren Voraussetzungen für den Anspruch auf das Kinderbetreuungsgeld erfüllt sind.

Fall 3:

Besteht kein Anspruch auf den Bezug des Wochengeldes, da die Mutter sich nach dem Kinderbetreuungsgeldbezug weiter in Karenz nach den Bestimmungen des Mutterschutzgesetzes (bis zur Vollendung des zweiten Lebensjahres des Kindes) befindet, so besteht kein Anspruch auf das einkommensabhängige Kinderbetreuungsgeld. In diesem Fall kann die Mutter das Kinderbetreuungsgeld-KONTO ab dem Tag der Geburt beziehen.

Beispiel

- Die Mutter von Tobias (geboren am 9. März 2019) beantragt das einkommensabhängige Kinderbetreuungsgeld bis zum 7. März 2020 und meldet bei ihrem Arbeitgeber eine Karenz bis zum 8. März 2021 (Vollendung des zweiten Lebensjahres).

> Ihr zweiter Sohn kam am 8. September 2020 zur Welt. Sie hat keinen Anspruch auf Wochengeld und keinen Anspruch auf das einkommensabhängige Kinderbetreuungsgeld, da sie zwischen dem Ende des Kinderbetreuungsgeldbezuges und der Geburt ihres zweiten Sohnes nicht gearbeitet, keine Bezüge und auch kein Einkommen hatte.
>
> Sie kann jedoch ab dem Tag der Geburt, also ab dem 8. September 2020 das Kinderbetreuungsgeld-KONTO für ihren zweiten Sohn beziehen, wenn alle weiteren Voraussetzungen für den Anspruch auf Kinderbetreuungsgeld erfüllt sind.

Tipp

Um einen neuen Anspruch auf das einkommensabhängige Kinderbetreuungsgeld bei der Geburt eines weiteren Kindes zu haben, muss die Beschäftigung zwischen dem Ende der Karenz für das ältere Kind und dem Beginn des Beschäftigungsverbotes für das jüngere Kind aufgenommen werden.

Mehrlingsgeburten und Mutter-Kind-Pass-Untersuchung (§ 24c KBGG)

Das einkommensabhängige Kinderbetreuungsgeld gebührt auch bei Mehrlingsgeburten nur einmal.

Werden die vorgesehenen Mutter-Kind-Pass-Untersuchungen bis zu dem vorgesehenen Zeitpunkt nicht nachgewiesen, so erfolgt eine Reduktion des Kinderbetreuungsgeldes um € 1.300.

Kann das bereits gewählte Kinderbetreuungsgeldmodell verändert werden (Umstieg) (§§ 24e, 26a KBGG)?

Eine Änderung des bei der ersten Antragstellung gewählten Kinderbetreuungsgeldmodells ist nur innerhalb von 14 Kalendertagen nach der erstmaligen Antragstellung möglich. Nachher ist ein Umstieg nicht mehr möglich, d.h., das gewählte Kinderbetreuungsgeldmodell bei der erstmaligen Antragstellung ist für beide Elternteile bindend und gilt auch für den zweiten Elternteil.

Sonderleistung I (Mindestbetrag) (§ 24d KBGG)

Erfüllt der antragstellende Elternteil nicht alle Anspruchsvoraussetzungen oder ergibt sich bei der Berechnung des einkommensabhängigen Kinderbetreuungsgeldes nach beiden Berechnungsmethoden ein niedrigerer Betrag, als im Grundmodell des Kinderbetreuungsgeld-KONTOs gebühren würde, so erhält der Elternteil trotzdem den Mindestbetrag von € 33,88 pro Kalendertag als Sonderleistung I.

Für den Bezug des einkommensabhängigen Kinderbetreuungsgeldes als Mindestbetrag (Sonderleistung I) besteht, außer der Höhe des Tagsatzes, kein Unterschied zum einkommensabhängigen Kinderbetreuungsgeld in Höhe eines individuellen Tagesbetrages. Daher ruht die Sonderleistung während des Anspruches auf Wochengeld, es muss die Zuverdienstgrenze eingehalten werden etc.

Die Sonderleistung I kann nur auf gesonderten Antrag des Elternteils gewährt werden.

Tipp

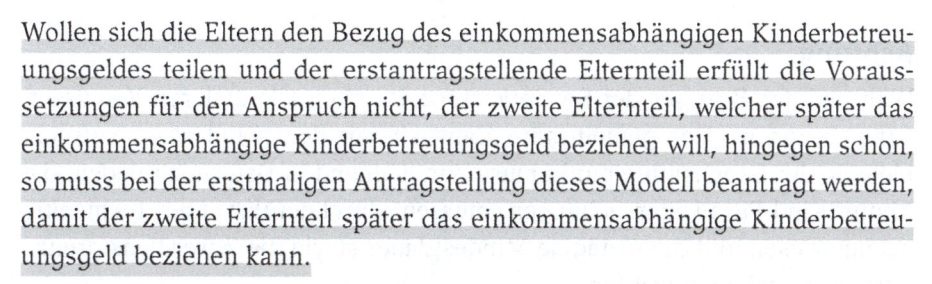

Wollen sich die Eltern den Bezug des einkommensabhängigen Kinderbetreuungsgeldes teilen und der erstantragstellende Elternteil erfüllt die Voraussetzungen für den Anspruch nicht, der zweite Elternteil, welcher später das einkommensabhängige Kinderbetreuungsgeld beziehen will, hingegen schon, so muss bei der erstmaligen Antragstellung dieses Modell beantragt werden, damit der zweite Elternteil später das einkommensabhängige Kinderbetreuungsgeld beziehen kann.

Der erstantragstellende Elternteil wird auf die Sonderleistung I mit dem Tagsatz in der Höhe von € 33,88 umgestellt, der zweite Elternteil kann später das einkommensabhängige Kinderbetreuungsgeld, berechnet von seinem Einkommen (max. € 66 täglich), beziehen.

Sonderleistung II (bei laufenden Gerichtsverfahren) (§ 24d KBGG)

Kommt der Krankenversicherungsträger nach Überprüfung der Voraussetzung für den Anspruch auf das einkommensabhängige Kinderbetreuungsgeld zum Ergebnis, dass der antragstellende Elternteil die 182-Tage-Erwerbstätigkeitserfordernis nicht erfüllt, wobei der Elternteil diese Entscheidung nicht akzeptiert und sich weigert, die Sonderleistung I zu beantragen, so kann dieser einen ablehnenden Bescheid verlangen und dagegen eine Klage beim Arbeits- und Sozialgericht einbringen. In diesem Fall wird auf seinen Antrag hin während des laufenden Gerichtsverfahrens die Sonderleistung II in der Höhe von € 33 täglich ausbezahlt.

Die Sonderleistung II kann nur unter folgenden Voraussetzungen gewährt werden:

- Weigerung der Beantragung der Sonderleistung I durch den Elternteil;
- Ablehnung des Antrages auf das einkommensabhängige Kinderbetreuungsgeld mangels Erfüllung des 182-Tage-Erwerbstätigkeitserfordernisses mit einem Bescheid durch den Krankenversicherungsträger;
- Klageerhebung beim Arbeits- und Sozialgericht;
- Beantragung der Sonderleistung II beim Krankenversicherungsträger;
- Erfüllung aller weiteren Anspruchsvoraussetzungen wie z.B. kein Bezug einer Leistung aus der Arbeitslosenversicherung im 182-Tage-Zeitraum.

Achtung
Während des Bezuges der Sonderleistung II gelten alle anderen Voraussetzung weiterhin. Der gemeinsame Haushalt mit dem Kind muss aufrecht bleiben, der Lebensmittelpunkt muss durchgehend in Österreich liegen, die Mutter-Kind-Pass-Untersuchungen müssen durchgeführt und rechtzeitig nachgewiesen und die 61-tägige Mindestdauer sowie die Zuverdienstgrenze müssen eingehalten werden.

Sind die erwähnten Voraussetzungen erfüllt, so wird die Sonderleistung II spätestens bis zum Ende des gerichtlichen Verfahrens gewährt.

Fall 1:
Obsiegt der Elternteil im gerichtlichen Verfahren, so erhält er eine Nachzahlung des ihm gebührenden Tagsatzes nach Abzug des während des Verfahrens bereits erhaltenen Tagesbetrages von € 33.

Beispiel
- Wird dem Elternteil ein einkommensabhängiges Kinderbetreuungsgeld vom Gericht zugesprochen, so erhält dieser eine Nachzahlung von (44–33) € 11 täglich, da sich aufgrund der Berechnung auf Basis seines Einkommens ein Tagsatz von € 44 ergibt.

Fall 2:

Obsiegt der Krankenversicherungsträger im Gerichtsverfahren, so hat der Elternteil keinen Anspruch auf das einkommensabhängige Kinderbetreuungsgeld. Durch die Beantragung der Sonderleistung I erhält er eine Nachzahlung von € 0,88 täglich.

> **Beispiel**
> - Der Elternteil bezieht während des gerichtlichen Verfahrens die Sonderleistung II in der Höhe von € 33 täglich. Obsiegt sein Krankenversicherungsträger im Verfahren, so muss der Elternteil die Sonderleistung I beantragen und hat sodann den Anspruch auf den Mindestbetrag von € 33,88. Da er bereits € 33 täglich erhalten hat, bekommt er eine Nachzahlung von € 0,88 (Differenzbetrag).

Kann das Arbeitslosengeld nach dem Bezug des Kinderbetreuungsgeldes bezogen werden?

Nach Ende des Kinderbetreuungsgeldbezuges kann das Arbeitslosengeld beantragt werden. Durch den Bezug von Kinderbetreuungsgeld ist die Anwartschaft für das Arbeitslosengeld nicht verbraucht. Das Arbeitslosengeld kann im Anschluss an den Bezug von Kinderbetreuungsgeld bei Vorliegen der sonstigen Anspruchsvoraussetzungen bezogen werden.

Der Anspruch auf das Arbeitslosengeld geht durch den Bezug von Kinderbetreuungsgeld nicht verloren. Die Zeit des Kinderbetreuungsgeldes verlängert die Rahmenfrist, in welcher die Anwartschaft für das Arbeitslosengeld erfüllt sein muss.

Der Bezug von Kinderbetreuungsgeld hat keine Auswirkung auf die spätere Höhe des Arbeitslosengeldes. Das Einkommen vor dem Kinderbetreuungsgeldbezug wird für die Berechnung des Arbeitslosengeldes herangezogen.

Besteht eine Kranken- und Pensionsversicherung während des Kinderbetreuungsgeldbezuges (§ 28 KBGG)?

Krankenversicherung

Die Bezieher bzw. Bezieherinnen von Kinderbetreuungsgeld sind in der Krankenversicherung teilversichert. Diese Teilversicherung besteht bei jenem Versicherungsträger, der für die Auszahlung des Kinderbetreuungsgeldes zuständig ist.

Die Bezieher bzw. Bezieherinnen von Kinderbetreuungsgeld haben während des Bezuges keinen Anspruch auf Krankengeld. Diese Ausnahme gilt nur, wenn die Teilversicherung in der Krankenkasse aufgrund des Kinderbetreuungsgeldbezuges vorliegt, nicht jedoch, wenn die Pflichtversicherung aufgrund einer neben dem Bezug des Kinderbetreuungsgeldes ausgeübten Erwerbstätigkeit erfolgte.

Die Bezieher bzw. die Bezieherinnen von Kinderbetreuungsgeld haben nach Ende des Kinderbetreuungsgeldbezuges keinen Krankenversicherungsschutz. Nach Ende des Kinderbetreuungsgeldbezuges kann ein Krankenversicherungsschutz aufgrund einer Erwerbstätigkeit oder aufgrund des Bezuges einer Geldleistung aus der Arbeitslosenversicherung vorliegen.

Pensionsversicherung

Die ersten 48 Kalendermonate nach der Geburt eines Kindes gelten als Versicherungsmonate. Wird ein weiteres Kind geboren, so endet die Kindererziehungszeit für das ältere Kind spätestens mit Beginn der Kindererziehungszeit des jüngeren Kindes.

Achtung

Bei Zwillingen werden die ersten 60 Kalendermonate nach der Geburt angerechnet.

Die Kindererziehungsmonate werden jenem Elternteil zugeordnet, welcher in dieser Zeit das Kind überwiegend betreut und erzogen hat. Kindererziehungszeiten, in denen ein Elternteil Kinderbetreuungsgeld bezogen oder Karenz in Anspruch genommen hat, werden diesem Elternteil zugeordnet.

Durch Kindererziehung werden auch dann Versicherungsmonate erworben, wenn kein Anspruch auf Kinderbetreuungsgeld besteht.

Tipp
Online-Pensions-Rechner der Arbeiterkammer

Er hilft Ihnen die Pensionshöhe abzuschätzen:
https://pensionsrechner.arbeiterkammer.at/ (11.9.2020).

Zusammengefasst
Was ist beim einkommensabhängigen Kinderbetreuungsgeld zu beachten?

Ein Anspruch auf das **einkommensabhängige Kinderbetreuungsgeld** besteht nur unter bestimmten Voraussetzungen:

- Der beziehende Elternteil muss Familienbeihilfe tatsächlich beziehen;
- mit dem Kind muss ein gemeinsamer Haushalt inklusive gemeldeter Hauptwohnsitz bestehen;
- der Mittelpunkt der Lebensinteressen von Elternteil und Kind muss in Österreich sein;
- ein rechtmäßiger Aufenthalt für Drittstaatsangehörige ist erforderlich;
- während des Bezuges von Kinderbetreuungsgeld muss die Zuverdienstgrenze eingehalten werden;
- ein rechtzeitiger Nachweis der Mutter-Kind-Pass-Untersuchungen ist notwendig;
- es muss eine sozialversicherungspflichtige Beschäftigung in der Dauer von 182 Tagen vor der Geburt bzw. vor Beginn des Beschäftigungsverbotes vorliegen;
- es darf keine Leistung aus der Arbeitslosenversicherung bezogen werden;
- der beziehende Elternteil muss ein aufrechtes Arbeitsverhältnis zumindest bis zum Tag der Geburt des Kindes haben;
- das einkommensabhängige Kinderbetreuungsgeld muss beantragt werden;
- der frühestmögliche Bezug ist ab dem Tag der Geburt des Kindes;
- der Anspruch auf einkommensabhängiges Kinderbetreuungsgeld ruht in der Höhe des Wochengeldbezuges nach der Geburt des Kindes;
- das einkommensabhängige Kinderbetreuungsgeld ist in Blöcken von zumindest 61 Tagen zu beziehen;
- die Bezugsdauer für einen Elternteil beträgt 365 Tage ab der Geburt des Kindes;
- Bezugsdauer bei Teilung zwischen den Eltern beträgt 426 (365 + 61) Tage ab der Geburt des Kindes;
- das einkommensabhängige Kinderbetreuungsgeld beträgt 80 % des (fiktiven) Wochengeldes bzw. des Einkommens aus dem Kalenderjahr vor jenem der Geburt des Kindes;

- der Höchstbetrag ist mit € 66 täglich, der Mindestbetrag mit € 33,88 täglich festgesetzt;
- eine zeitgleiche Inanspruchnahme des einkommensabhängigen Kinderbetreuungsgeldes von Mutter und Vater ist bis zu 31 Tagen bei erstmaligem Wechsel möglich;
- bei annähernd gleicher Teilung des Bezuges zwischen den Eltern besteht ein Anspruch auf Partnerschaftsbonus in der Höhe von € 500 pro Elternteil.

Druck:
Customized Business Services GmbH
im Auftrag der
KNV Zeitfracht GmbH
Ein Unternehmen der Zeitfracht - Gruppe
Ferdinand-Jühlke-Str. 7
99095 Erfurt